中国传媒大学青年学者译丛
媒介与传播系列　段　鹏　主编
　　　　　　　　　罗　青　副主编

自我与他人
媒介、信息与第三人效果

[美] 朱莉·L. 安德萨格（Julie L. Andsager）著
　　 H. 艾伦·怀特（H. Allen White）

武　楠　译

Self Versus Others

Media, Messages, and the Third-Person Effect

中国传媒大学出版社
·北京·

图书在版编目(CIP)数据

自我与他人:媒介、信息与第三人效果 /(美)朱莉·L.安德萨格,(美)H.艾伦·怀特著;武楠译. -- 北京:中国传媒大学出版社,2019.4
(中国传媒大学青年学者译丛 / 段鹏主编. 媒介与传播系列)
书名原文:Self Versus Others: Media, Messages, and the Third-Person Effect
ISBN 978-7-5657-2030-7

Ⅰ.①自… Ⅱ.①朱… ②H… ③武… Ⅲ.①说服—研究 ②传播媒介—效果—研究 Ⅳ.①G44 ②G206.2

中国版本图书馆 CIP 数据核字(2017)第 115737 号

Self Versus Others: Media, Messages, and the Third-Person Effect, 1st Edition / by Julie L. Andsager, H. Allen White / ISBN: 9780805857160 Copyright © 2007

Authorized translation from the English language edition published by Routledge, a member of the Taylor & Francis Group, LLC. All rights reserved. 本书原版由 Taylor & Francis 出版集团旗下 Routledge 出版公司出版,并经其授权翻译出版。版权所有,侵权必究。

Communication University of China Press is authorized to publish and distribute exclusively the Chinese (Simplified Characters) language edition. This edition is authorized for sale throughout Mainland of China. No part of the publication may be reproduced or distributed by any means or stored in a database or retrieval system without the prior written permission of the publisher. 本书中文简体翻译版授权由中国传媒大学出版社独家出版并限在中国大陆地区销售,未经出版者书面许可,不得以任何方式复制或发行本书的任何部分。

Copies of this book sold without a Taylor & Francis sticker on the cover are unauthorized and illegal. 本书封面贴有 Taylor & Francis 公司防伪标签,无标签者不得销售。

著作权合同登记号 图字:01-2020-4184

自我与他人:媒介、信息与第三人效果
ZIWO YU TAREN: MEIJIE、XINXI YU DISANREN XIAOGUO

主　　编	段　鹏
著　　者	[美]朱莉·L.安德萨格　[美]H.艾伦·怀特
译　　者	武　楠
责任编辑	黄松毅
特约编辑	张　静
封面设计	运平设计
责任印制	阳金洲
出版发行	中国传媒大学出版社
社　　址	北京市朝阳区定福庄东街1号　邮　编　100024
电　　话	86-10-65450528　65450532　传　真　65779405
网　　址	http://cucp.cuc.edu.cn
经　　销	全国新华书店
印　　刷	北京玺诚印务有限公司
开　　本	787mm×1092mm　1/16
印　　张	12.5
字　　数	204 千字
版　　次	2019年4月第1版
印　　次	2019年4月第1次印刷
书　　号	ISBN 978-7-5657-2030-7/G·2030　　定　价　59.00元

本社法律顾问:北京李伟斌律师事务所　郭建平
版权所有　翻印必究　印装错误　负责调换

中国传媒大学青年学者译丛

总　序

　　从广播电视到互联网、移动互联网，传媒让这个世界变得绚丽多姿、神奇诡秘。传媒正在急速地改变这个世界，通过新闻传播，人类分享现实中的信息资讯，通过艺术，人类分享脑海中的想象力。基于传播科技百年激荡的新闻传播和艺术学，推动着历史发展，也影响着历史发展。

　　中国传媒大学是中国传媒人才的摇篮，建校六十多年来，为信息传播领域输送了大批高层次人才。从培养高层次、复合型创新人才的社会责任出发，中国的传媒事业亟须高校培养出一批谙熟新闻传播规律和艺术传播规律并具有创新意识和创作才能的新闻人才和艺术人才。

　　在全国众多高校中，中国传媒大学以在信息传播领域"小综合"的学科特色而闻名，2017年入选首批"世界一流学科建设高校"，新闻传播学、戏剧与影视学入选教育部"双一流"建设学科名单。同年12月，在教育部学位与研究生教育发展中心公布的全国第四轮学科评估结果中，新闻传播学、戏剧与影视学这两个一级学科均拿到了A+名次。从"双一流"学科建设的教育使命出发，中国的传媒事业亟须高校在媒体融合发展的顶层设计下，推进理论体系、教学理念、教学内容、方法手段、体制机制等全方位的创新研究，成为国家传媒事业发展强有力的理论支持和智力支持力量。

因此，在整个世界传统媒体与新兴媒体融合发展的时代大背景下，我校文科科研处于2015年着手组织翻译出版一套"中国传媒大学青年学者译丛"，借此整理西学前沿著作，以期对当代中国新闻传播和艺术学在理论建设和成果创新方面提供借鉴，帮助广大传媒学者和媒体一线从业者寻找解决问题的途径。

此套丛书的译介工作由中国传媒大学与新闻传播领域的国际权威出版机构SAGE国际出版集团合作，遴选了两批共计18册由SAGE出版并经过教学与实践严格检验的优秀书目，力求全面、系统地反映出当下新闻传播和艺术学在理论研究、方法研究以及实务研究等方面所进行的最新探索。译丛是我校与SAGE国际出版集团继合作出版《全球媒体与中国》（*Global Media and China*）英文期刊之后，又一个重要的合作项目，前后筹备四载有余，最终完稿、付梓，倾注了新闻传播学和艺术学领域的知名教授和青年学者的大量心血，力争为每一本书做出"信、达、雅"的翻译。

自"五四"以来，译丛便是中国知识分子和青年学生获取西方最先进理论知识的重要桥梁之一。中国传媒大学在20世纪80年代就已开始译介、学习和研究国外新闻传播学、艺术学的方法和成果，建立与世界新闻传播学、艺术学界对话的共同经验范围。毋庸置疑，我们的工作是卓有成效的。

正如习近平总书记在哲学社会科学工作座谈会上所强调的，"不忘本来，吸收外来，面向未来"。借船出海、借梯登高，主动接轨，优势互补，共同发展，为尽快赶上国际先进水平，尽早实现"双一流"学科建设争创世界一流的伟大目标，我们应该虚心学习和推介国外前沿的新闻传播理论与优秀的实务指导教材，以培养出更多国际化的新闻传播人才和艺术人才。译丛带来的新鲜理论和鲜活实务，也有助于我校在"双一流"学科建设中，进一步优化学科结构，凝练学科发展方向，突出学科建设重点，增强学校在国际上的竞争力。

但值得注意的是，我们应当以批判的态度保持与西方新闻传播和艺术学对话的姿态，在借鉴西方优秀教材和经典专著时不妨思考，有哪些是缘木求鱼，有哪些是举一反三，想想本土社会中产生的经验与问题在哪里。我们应该明确，我们的目标是制定具有中国特色的新闻传播和艺术学学科标准，积极建设和探索新闻传播学、艺术学本土化发展的道路。

所以，在译丛工作完成之后，我们还要推进"西方理论—中国问题"向"中国实践—中国理论"的转型，立足本土，跨越东西，高效地将科研成果结合当代中国传媒行业发展诉求，转化为服务社会发展的实在生产力，最终实现"中国特色，世界一流"。

最后，希望本译丛还可以成为一个促进思想交流、激发智慧灵感的载体，增进东西方在新闻传播和艺术学领域的深度学术交流，接收来自全世界新闻传播和艺术学领域多元化的声音，促进新闻传播和艺术学研究在媒体融合时代更大的繁荣，让新闻传播和艺术学成为改变世界的最大正能量。

丛书主编

本土化或中国化
——《自我与他人：媒介、信息与第三人效果》译序

1983年，美国一位新闻学和社会学教授戴维森（W. Phillips Davison），在《舆论季刊》上发表了一篇文章《传播中的第三人效果》（*The Third-person Effect in Communication*）。由此引起传播学界的关注，越来越多的研究不断验证并丰富这一课题。新世纪以来，第三人效果更成为美国传播研究的一大热点，趋之者若鹜，言之者如云，仿佛为日渐萎靡的美国传播学注入一支强心剂。而这一切都超出戴维森的预期，当年他提出这一猜想时，认为第三人效果虽然是一个有趣的现象，"但是具有较小的理论意义"。

何谓第三人效果？简言之，人们往往觉得除去自己，其他的人即所谓"第三人"，都更容易受到传播的不良影响。就像过去沉溺电视，现在迷恋手机，每个人都觉得是别人的问题，而自己肯定"守身如玉"，"无动于衷"。过去常说"马列主义手电筒只照别人不照自己"，意思是说坏事坏毛病都是别人的，自己总是正确，同样涉及第三人效果。

戴维森讲的两个真实故事，更有助于我们从专业方面理解第三人效果。一个故事是二战后期，美军进攻硫磺岛，日本开展宣传攻势，空投传单，鼓动美国黑人士兵不应该"冒着自己的生命危险为白人打仗"。结果，美国白人军官看到传单后，便将黑人士兵从战斗一线撤了下来。这里，"第三人"是黑人士兵，"我们"即白人军官认为他们很容易受到敌方信息的影响。第二个故事发生在二战期间的欧洲，这一次是盟军在德国高级军官中散布假情报，说德军飞行员很容易受盟国广播影响，以至于德国军官怀疑自己的飞行员会驾机叛逃，于是加强了对他们的监视，结果导致德国空军士气低落。

熟悉中国文化传统，对此当不难理解。第三人效果无非是习以为常的社会心理，如将心比心、设身处地、换我心为你心，以及钱穆所谓"同情之了解"，钱钟书所谓"东海西海，心理攸同"等。当然，中国人理解的第三人问题同美国人关注的第三人效果貌合神离，一者侧重求同，如老吾老以及人之老、幼吾幼以及人之幼，一者侧重求异。这一点同中美文化对政治第一要义的认识不无相似。如果说政治的首要问题在于敌我之辨，如施米特所言，政治是敌我之辨，经济是盈亏之辨，伦理是善恶之辨，美学是美丑之辨。那么，由此说来，源于基督教天堂地狱、天使魔鬼的美国政治，就只讲绝对敌我，不是朋友，就是敌人，而且，一旦成为敌人，就是不共戴天的死敌。而源于天地圆融、和而不同的中国政治，在区分敌我的基础上，还懂得政治的更高境界在于化敌为友，就像诸葛亮的七擒孟获。毛泽东在延安时期对胡耀邦说过：政治就是把拥护自己的人搞得多多的，把反对自己的人搞得少少的。

第三人效果理论，对认识传播问题提供了新的视角，有其不言而喻的学术价值。同时，也应看到，这一理论同美国一系列传播理论一样，归根结底还是植根于特定的社会历史土壤，具有鲜明的"美国化"色彩。这里提"美国化"，是因为我对"本土化"心存质疑。本土化比千篇一律的教条化固然聪明了一点，但其前提同教条化如出一辙，都预设一个高高在上的东西，人世间一切是非对错最终都由这个东西裁定。显然，这个东西如同所谓普世价值裁判权一样，只能归属于西方或美国。只不过，教条化是原封不动照搬照抄，本土化则结合实际"化入本土"，即所谓本土化。其实，传播学如同其他人文社会学科一样，都是一方水土一方人，离不开具体的、生生不息的社会历史实践，否则，就成为无本之木，无源之水。换言之，一切社会科学归根结底都是本土的，如同橘生淮南则为橘，生于淮北则为枳，因为水土不同。马克思恩格斯一段精彩论述，对理解这个问题尤有启发，他们在批评德国哲学家搬弄法国社会主义文献时写道：

在这种著作从法国搬到德国的时候，法国的生活条件却没有同时搬过去。在德国的条件下，法国的文献完全失去了直接实践的意义，而只具有纯粹文献的形式。它必然表现为关于真正的社会、关于实现人的本质的无谓思辨。①

---

① 马克思,恩格斯.共产党宣言(1848年)[M]//马克思恩格斯文集:第二卷.北京:人民出版社,2009:57-58.

因此，在我看来，传播研究也应是"各行其是"而"殊途同归"。所谓各行其是，就是中国化，美国化，俄国化，埃塞俄比亚化，巴布亚新几内亚化等，即各美其美，美人之美；所谓殊途同归，即美美与共，天下大同。

本书对第三人效果作了深入而不失生动的阐述，对我们认识、学习、借鉴这一美国传播学"新论"，包括缘起、演化、相关内容、实践背景、具体研究及其发现等，提供了一个恰如其分的读本，也为我们的传播研究提供了一定借鉴。中文译本清晰流畅，平易近人，翻开一看就知道了，不假仆一二谈也。译者武楠是中国传媒大学的青年教师，也是我2016年招收的博士生。读其译本，不由忆及三十多年前，我在梁洪浩先生门下研修外国新闻业的情形，最初的学术工作就是从翻译开始的，作为一种学习和训练获益良多。武楠刚一出手就达到相当出色的翻译水准，令人欣慰而钦佩，也无愧清华博士生的水平。

李　彬

于清华

前　言

在过去的二十多年间,第三人效果激起了大量研究舆论和媒介传播的学者的兴趣。社会学家 W. 菲利普斯·戴维森(W. Phillips Davison)于1983年首次提出这一概念,即我们认为自己几乎不受负面或有害的媒体信息的影响,而其他人肯定会受到这些信息的影响。表面看似简单,第三人效果实际总结了一个更为复杂的社会心理过程。因此,学者们通过大量的研究证明这种效果的存在,并且试图确定这种效果存在的原因及产生这种效果的条件。虽然已经提出了几种解释,但是都不能充分地解释第三人效果。

我们撰写本书的目的之一,就是更加全面地综合第三人效果的现有研究,而不仅限于期刊文章或书本章节中。关于第三人效果已经发表的研究数量非常庞大,很难用两三页来全面回顾其相关文献。我们尝试将所有研究这一现象的出版著作包括在内,但是鉴于发表第三人效果研究的期刊范围之广,我们可能无意中会漏掉一些研究。因此,如果我们遗漏了一些研究,并非反映这些研究的作者表现不佳。

然而,我们的主要目的是探索第三人效果与已经建立的说服理论和媒介传播理论共享的基本概念和关系。为此,我们提出第三人效果与共向之间有直接关联(McLeod & Chaffee, 1973)。我们进一步主张,作为著名说服模式机制的认知加工方式(e.g., Chaiken, Liberman, & Eagly, 1989; Petty & Cacioppo, 1986),也构成驱动第三人效果的机制的基础,因为他们都利用了产生感知差异的原因。总的来说,我们认为第一人效果(即我们认为正面信息对自己比对他人的影响更大)是说服的一种类型。换言之,这种似乎已经阻碍研究者的概念既无新鲜之处,也谈不上特别。

  我们希望本书能够激发关于第三人效果的新思维。我们也希望学术界的同仁认为书中所包含的论点令人振奋，并将这些观点作为今后进一步研究感知和说服过程的基础。本书追溯了围绕第三人效果建构的理论的演化过程，并在必要的地方标注了方法论和概念的问题。因此，我们希望《自我与他人》这本书能够成为研究人员非常宝贵的资源，不仅能够针对具体现象为研究人员提供简要的说明，还能成为研究人员进行理论建构的指导手册。本书既可以用于理论课堂，还可以作为学者们的参考用书。

  尽管如此，我们并没有打算让这本书成为第三人效果研究的最终结论。事实上，在我们完成本书的过程中，期刊和学术研讨会中又出现了一些关于效果的新的研究成果。但是这本书是第一本关注第三人效果的书籍，也是迄今为止最全面讨论第三人效果的书籍。鉴于第三人效果研究仍将激起研究媒介传播学、舆论学和社会心理学——列举几个学科——的学者的兴趣，我们完全有理由相信将来会有另一本书取代这本书。但是目前来说，《自我与他人》这本书可以为思考、讨论和进一步研究相关内容提供素材。

本书结构

　　本书由两部分构成。第一部分，我们综合了二十多年来关于第三人效果的研究。为了更好地将效果定位为一个语境变量，我们根据传统传播模式（Lasswell，1948）和说服模式（McGuire，1968）将综述分为几个章节。参与第三人效果研究并在模式中形成自我的人被定义为信息的接收者。因此，第二章检验了作为研究参与者自身特性的个体层面的特征，比如接触、知识、自我卷入，等等。

　　第三章转向了影响第三人或第一人感知程度的信息特性。暴力的电视节目内容会比政治攻击广告之类的内容产生更大的感知差异吗？因为信息内容通常是行为成分关注的焦点，所以我们在第三章中讨论了行为成分。然而，鉴于本书的写作目的，我们将用更多篇幅来介绍整个感知成分。

　　在第四章中，我们讨论了与信源有关的变量，主要是可信度和专业感。对渠道在第三人效果中的作用进行分析的研究非常有限，而且由于这些研究往往对渠道没有进行明确定义（例如，电视暴力主要关注渠道，但是没有特定的电视节目或事件，它也是一种信源），所以这部分内容将在第四章中阐述。

　　本书的第二部分转向讨论第三人感知如何在本质上是一种说服。我们将第三人感知与现存的说服理论联系起来，来阐释他们在信源、接收者、信息变量以及潜在的机制等方面的内在的相似性。因此，第五章分析了第一人效果和基本说服在自我强化动机方面的联系，包括第一人感知只是成功说服的结果。

　　第六章回顾了社会距离，主要依据学者们在他们第三人效果研究中所使用的各种各样的"他人"的定义。

第七章集中研究系统和启发式加工，以及几种说服模式的机制（Chaiken, Liberman, & Eagly, 1989; Petty & Cacioppo, 1986）。我们认为，在自我方面，第三人效果（以及说服）是系统加工的结果，但是假定他人只是依靠启发式加工。

最后，在第八章我们提出了一个扩展第三人效果的模式，我们相信这个模式可以用于增强说服的简洁、启发式和预测性的本质。因为自我与他人的关系在确定感知差异的方向和程度上至关重要，所以对我们模式的讨论在很大程度上依赖于共向（McLeod & Chaffee, 1973）。共向模型通常用于理解受众如何对组织及其传播进行决策，这对感知差异具有显明的意义。

致 谢

很高兴能够公开感谢这些年来让我们的学术生涯充实而快乐的人们，以及那些为本书的完成作出了特殊贡献的人们。2003 年参与中西部舆论研究协会会议的理查德·M. 佩洛夫（Richard M. Perloff）无意中为本书的创作播下了种子，他多年来对我们的工作给予了热情的支持，让我们引以为傲并对此感激不尽。此外，瑞克（Rick）已经出版了三部关于第三人效果的精辟综述，这些研究让我们和其他学者受到启发、收获新知，同时又深感困惑。

我们最感谢的应该是 M. 马克·米勒（M. Mark Miller），他目前已在田纳西大学诺克斯维尔分校退休。马克不仅教授我们理论和定量研究的方法，还为我们的论文提出指导意见。更重要的是，他向我们展示了研究本身的乐趣。如果没有他的谆谆教诲和深厚友情，此书将不可能出版，因此我们希望谨以此书表达他对我们的重要意义。

劳伦斯·厄本姆出版公司（Lawrence Erlbaum Associates）的工作人员在本书的出版过程中一直给予鼓励，并充满耐心。琳达·巴思盖特（Linda Bathgate）提供了非常宝贵的支持。我们要感谢卡琳·威蒂格·贝茨（Karin Wittig Bates）和莎拉·斯卡德（Sara Scudder）对本书出版所做的工作。同时我们还要感谢我们的同行瑞克·佩洛夫（Rick

Perloff)、大卫·图克斯伯里（David Tewsbury）以及大卫·罗斯科斯－埃沃德森（David Roskos-Ewoldsen）对本书所作的评论，从而使本书更具可靠性。我们还要感谢那些从事整本书中所有引用的相关研究的研究人员。

感谢他们的贡献！如有任何错误、失实陈述或误释均由我们承担责任。

朱莉·L. 安德萨格

H. 艾伦·怀特

目 录

中国传媒大学青年学者译丛总序　/ 1

本土化或中国化
——《自我与他人：媒介、信息与第三人效果》译序　/ 4

前　言　/ 1

本书结构　/ 1

致　谢　/ 1

第一章　第三人效果　/ 1
研究现象　/ 5

对第三人感知的解释　/ 9

本书目的　/ 11

第二章　接收者变量　/ 12
社会人口统计学研究结果　/ 13

个人专业技能或知识　/ 16

接触内容　/ 22

卷入和兴趣　/ 28

总　结　/ 31

第三章　信息变量 / 32

测量信息的合意性 / 33

新闻内容的第三人感知 / 36

行为成分 / 44

总　结 / 48

第四章　信源与渠道变量 / 50

可信度 / 52

说服性信源的其他特点 / 57

媒　体 / 58

总　结 / 61

第五章　作为说服的第一人效果 / 63

自我—他人比较和信息 / 64

论据质量 / 66

持有的信念 / 67

传统的说服观 / 68

第一人效果的内涵 / 71

一项研究：第一人策略 / 74

总　结 / 80

第六章　定义他人 / 81

可识别的与笼统的他人 / 82

两个层面 / 83

不确定性下的判断 / 84

规范拟合度 / 85

不同层次的他人 / 86

自我—他人感知指标化 / 93

参照组的研究 / 99

总　结 / 106

第七章　系统加工与启发式加工 / 107

内心过程 / 107

自由选择的态度和信念 / 110

在启发式加工和系统加工之间做选择 / 111

第三人效果中的系统加工和启发式加工 / 114

总　结 / 122

第八章　理解第三人效果作为说服的一种特殊语境 / 123

第三人效果的三种方法 / 123

共　向 / 128

第三人效果应用 / 132

说服的双重视角模型 / 133

总　结 / 139

参考文献　/ 140

作者索引　/ 161

主题索引　/ 173

第一章
第三人效果

2004年年初，宗教领袖充满担心地在网络新闻节目中就当时还未发行的电影《耶稣受难记》——导演梅尔·吉布森在该影片中描述了耶稣殉难前最后几小时发生的故事，会不会在观众中产生反犹太主义进行辩论。二月底，当这部电影在纽约曼哈顿一个电影院公开上映后，一小群抗议者聚集在电影院外示威抗议（Patterson，2004）。在随后进行的关于他们的忧虑是否具有充分根据的民意测验中显示出多样性的研究结果：与没有看过电影的参与者相比，那些看过电影的和计划去看的参与者更可能认为犹太人应该为耶稣的死负责，当然看电影的人极有可能早已持有这种信念（The Pew Research Center for the People and the Press，2004）。

2004年初夏，当电影《华氏911》上映后，共和党领导人显然认为这部电影可能会对即将到来的总统选举中的选民产生负面的影响，所以他们最先想阻止观众观看这部影片（Rich，2004）。然而，当这部影片在它的第一周票房中创下了纪录片票房纪录时（"Moore：Thanks，Opponents"，2004），同样的领导人又一次出现在网络新闻节目中严厉谴责电影制片人。

两年后，当零售连锁企业沃尔玛开始销售《断背山》的DVD时，遭到了美国家庭协会的威胁，他们控诉这部影片推动同性恋议程。这个组织担心儿童可能会在沃尔玛超市看到《断背山》的海报并且被电影吸引（Bosman，2006），从而可能陷入同性恋的诱惑。

除了这些争议事件外，一些儿童的家长对自己孩子受到电视食品广告的严重影响表示担忧，其中一半的人表示他们担心这种影响"很大"（Rideout，

2004）——尽管事实上大多数孩子必须依靠他们的家长才能实际购买到他们想吃的食物。

2004年美国总统选举——据称为"世界末日的选举"（Maraniss，2004），吸引的选民数量创下了纪录。但是，新闻中最显著的问题或许是"红与蓝"的分裂，电视网在他们选举之夜的报道中采用颜色编码来描绘投票的状态：投给共和党（红色）或民主党（蓝色）。在11月剩下的日子里，新闻媒体、博客和权威专家都拿红—蓝分裂的意义当儿戏，并不当真。然而，在过了选举日一个月后的一项调查中，当问到美国人是否认为国家比过去更处于政治分裂的状态时：66%的人表示分裂加剧了，但是他们估计他们所认识的人中有40%的人还没有注意到这种变化（The Pew Research Center for People and the Press，2005）。

这些完全不同的例子之间有什么共同点吗？对于电影的争议来说，伴随着这些电影上映而发生的强烈抗议，是基于一小群人认为电影的内容会对他人产生负面影响。在某些情况下，领导人已经看过了这些影片，但是他们并不承认自己受到了很大的影响——然而，他们似乎并不相信他们的追随者在加工这些信息的时候不会产生负面的结果。因为宗教和政治领导人相信观众会受到影响，所以他们似乎乐意去限制或者甚至约束人们去观看这部让他们有所顾虑的电影。父母假定他们的孩子对垃圾食品的需求肯定是源于观看了电视上的说服性信息。另一方面，那些收看了一个月节目后（似乎亲身经历一般）觉得国家更加分裂的被调查者认为，能够认识到政治格局的这种分裂是非常明智的，但是他们认为其他人还没有意识到或足够深入其中注意到政治格局的这种情况。

在这些案例中，群体和个人都显示出了第三人效果，W. 菲利普斯·戴维森（W. Phillips Davison）在1983年对此进行了系统阐述。第三人效果假设，我们认为信息不会对我们自己造成不利的影响——这种不利的影响可能意味着被说服，变得更富有攻击性，或者甚至仅仅受到影响，但是我们认为"他人"会受到信息的影响。正如戴维森所说，也是经常被第三人效果研究所引用的，"从那些试图对传播效果进行评价的观点来看，传播对'我'或'你'未必有多大影响，但是会对'他们'——第三方人，产生不可估量的影响"（p.3）。

他人与我们的社会距离越大，我们想象的这种效果就越大。换句话说，相比那些年龄较大，或更自由，或更保守，或居住得更远的模糊的他人，那些在年龄、政治倾向、居住区域或者其他相关特征上似乎与我们相似的人,将会(因此我们假设会)更可能和我们以相同的方式作出反应。然而不管怎样,这里所强调的是我们和他们之间的感知差异,这被称为第三人效果的感知成分。第三人效果的行为成分进一步指出,我们将会采取一些措施来减少他人接触信息的可能性(尽管在我们第三章的讨论中,一些学者已经检验了其他类型的行为)。

当信息或媒体内容通常被感知是负面的、危险的或社会非合意的时候,这种差异尤其明显。图1.1描绘了一个第三人感知模式,其中指向"自我"的实线表示一个关于测量自我在接触社会非合意的信息后受到的影响的个人的自我报告(self-report)。由"非合意的信息"指向"他人"的虚线表示个人对同样的内容会对他人产生的影响的评价。放置在离信息更远一些的"距离遥远的他人"表明一种更加不可靠的评价,或者换句话说,表示个人评价影响时需要进行更多的猜测。请注意,"自我"刚好在从正面的影响(例如,向慈善机构捐款)到负面的影响(变得更具攻击性)这个连续体的正中间,这个位置表明个人认为(或报告)他们没有受到信息影响。与此同时,个人感知自我与他人之间的社会距离越大,感知他人受到的负面影响就越大。

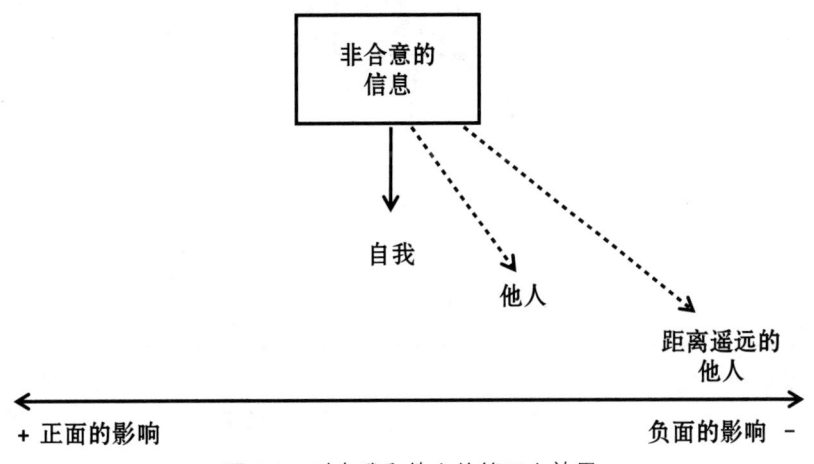

图1.1 对自我和他人的第三人效果

戴维森(1983)在他开创性的文章中集中讨论研究社会非合意的信息,诸如战争中的宣传,使儿童产生物质欲望的电视,以及反对理想候选人的政治广告。他没有考虑过正面信息的逆向可能性。那么对提倡一种合意的行为或态度的信息的感知差异是否会引起相同的模式?甘瑟(Gunther)和索尔森(Thorson)

（1992）假设，事实上，亲社会的内容，诸如公益广告上的内容，会刺激人们感知自己比他人受到的影响更多。为了给这个假设寻找支持，他们最早提出了"反转第三人效果（reverse third-person effect）"一词（p.591）。根据佩洛夫（Perloff）（1993b）对第三人效果文献的综述，"第一人效果"和"反转第三人效果"可以互换使用①（佩洛夫解释了第三人的语法病因，如第三人称语气，将这个与"第一人"做比较）。

图1.2说明了第一人效果或反转第三人效果的一个模式，即认为人们感知自己受到（正面）信息的影响要比他们预期他人受到（正面）信息的影响更多。再一次，由"合意的信息"指向"自我"的实线表示自我报告，由"合意的信息"指向"他人"的虚线表示的仅仅是对影响的评价。"自我"与"他人"之间的社会距离，"自我"和"距离遥远的他人"之间的社会距离，和图1.1所示的对应的社会距离保持大致相同。然而，在第一人效果的案例中，自我通常更愿意以一种正面的方式承认信息的影响。他人可能被认为稍微受到正面影响，其受负面影响的程度要比自我受正面影响的程度低，或者根本没有受到影响。

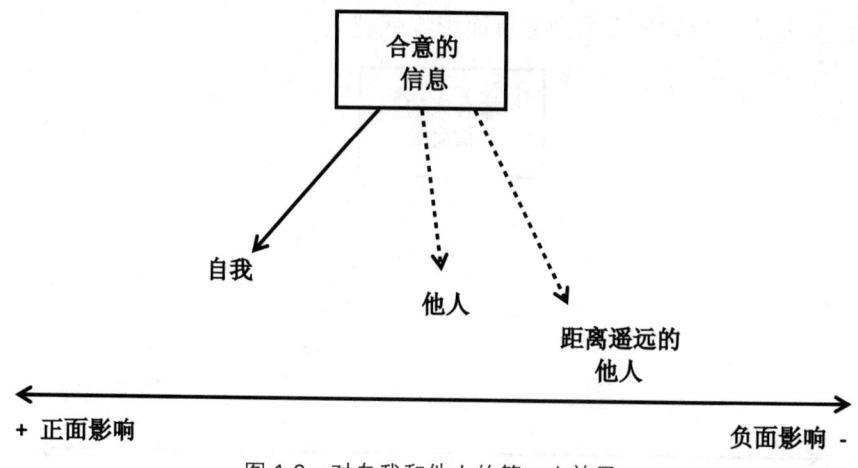

图1.2　对自我和他人的第一人效果

其他学者采用语法隐喻的方式将研究向前推进了一步，提出了第二人效果（second-person effect，Neuwirth & Frederick，2002；Neuwirth，Frederick，& Mayo，2002）。第二人效果被定义为在"自我和他人共同受到媒体影响"的情况下发

---

① 据我们所知，1991年首次公开使用"第一人效果"这个术语（Tiedge, Silverblatt, Havice, & Rosenfeld）。然而，那项研究只是按照字面的语法意义将"第一人效果"简单地定义为对自我的影响。

生（Neuwirth et al.，p.117）。这个概念似乎假定在一般的第三人或第一人效果下，要么自我要么他人没有受到影响，鉴于所有感知数据都产生于人类受试者，而人类有时惯于模糊处理，因此假设难以检验。

研究现象

美国舆论研究协会的旗舰期刊《舆论季刊》（*Public Opinion Quarterly*）刊登了戴维森的《传播中的第三人效果》（*The Third-Person Effect in Communication*，Davison，1983）。这样一来，这本杂志的读者包括了专业的民意测验专家、媒介传播研究人员、政治学家以及社会学家等。（戴维森本人是一名新闻学和社会学教授。）因此，接受这种想法的会是媒介传播和社会学方面的学者。

戴维森的论文（1983）采用一种平易近人、常识性的书写风格，没有包含严谨的统计和研究方法上的支撑。他只是呈现了以他的研究生和其他成年人组成的小组（每组25到30人）为研究对象的四个非正式实验的结果。然而，戴维森提供的轶事证据非常有趣——他谦逊地呈现了自己的亲身经历和观察，作为他的"一个命题——如果想要一个更好的标签，可以称之为'第三人效果'"（p.3）的基础。但是远不止于此，戴维森还指出，以往的社会学研究成果已经暗示了这样一种现象，只是学者们并没有"停下来对此发表评论"（p.8）。等到戴维森将第三人效果和多元无知理论（pluralistic ignorance，Kate & Allport，1931；Merton，1968）联系起来，并指出第三人效果在沉默的螺旋理论（spiral of silence，Noelle-Neumann，1974）中发挥了作用，他提出了令人信服的理由。即使现实意义——"当然，相爱的人经常试着通过似乎将他们的注意力转向别人的方式来影响其所爱之人的行为"（P.4）——凭直觉也知道。

尽管已经提出这种观点，但是研究人员还是花了几年时间才公开提出检验它的实证研究。1984年进行的一项调查对比了人们是否感知自己和他人受到民意测验同样的影响：发现研究结果不支持第三人效果（Glynn & Ostman，1988）。这个调查似乎是最早的正式的关于第三人效果的研究之一。[①] 第一个

[①] 佩洛夫为了他1993年的综述，联系了开展第三人效果研究的研究人员，寻找那些没有发表的研究，并将它们和已发表的期刊论文一起包括在综述之内。

发表的研究报告是在1988年以实验（Cohen，Mutz，Price，& Gunther，1988；Innes & Zeitz，1988）和调查研究（Glynn & Ostman，1988）的形式出现的。毫无疑问，调查研究也在学术会议上进行了发表。学者们已经发现了第三人效果。

到20世纪90年代初，第三人效果的存在性已经得到很好的证明（Perloff，1993b）。在那个时候，佩洛夫对相对较新的话题的文献进行了综述，对他能找到的所有已经提出的、公开发表的，以及预发表的研究进行了讨论，一共14项。在几年后进行的一个元分析（meta-analysis）包括了截至1998年发表的每一篇文章、会议论文、硕士论文、博士论文，以及未发表的论文，到那时已有62项研究（Paul，Salwen，& Dupagne，2000）。在20世纪90年代中后期，第三人效果已经成为一个研究热点。例如，致力于媒介传播定量研究的学术会议都是关于第三人效果的研究。人们将第三人效果和已经形成的理论观点结合起来进行检验，这些理论观点包括议程设置理论（Matera & Salwen，1995）和沉默的螺旋理论（Willnat，1996）。从1996年开始，每年期刊论文的数量都在显著增加。图1.3描述了从1983年到2005年发表关于第三人效果的论文的频率。如2006年年初，我们能够在美国以及国际媒介传播学和社会学期刊中找到94篇论文和书本章节。

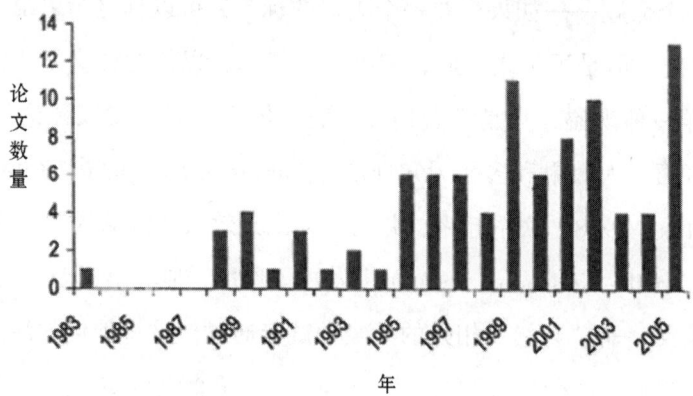

图1.3　发表在学术期刊上的关于第三人效果的论文，1983年—2005年

1996年，戴维森在《公众舆论研究国际期刊》（*International Journal of Public Opinion Research*）上发表了一篇回顾性文章《再论第三人效果》（*The Third-Person Effect Revisited*）。在这篇文章里，他声称自己并不知道第三人效果会引发一阵研究的风潮。在20世纪80年代初，他写下自己关于第三人效果的

想法，认为它是"一个有趣的现象……但是具有较小的理论意义"（p.114）。戴维森在记录了一些从他的假说中衍生出来的巧妙的研究（并对佩洛夫［1993b］为了把感知成分与行为成分区分开而将这个概念提炼为第三人感知赞赏有加）之后，他（1996）得出这样的结论，"第三人效果被证明是一种比他原本猜想的更为复杂的现象……它就正如其他方法一样为传播学的一般理论作出了贡献"（pp.114-115）。因此，对于戴维森来说，他认为这作为舆论知识的一个重要主体的推动力已经足够了，除此以外，他谦卑地认为没有必要要求更多。

评价第三人效果

为什么会有如此大量的研究发源于戴维森（1983）那篇其貌不扬的论文？正如我们已经说过的，这个想法是凭直觉获得的，并且它合乎情理。尽管有一个小型的自然实验质疑过第三人效果在社会中是否真的重要（Banning, 2001b），但是研究表明在整个美国历史上有许多情况都证明了第三人效果确实影响了政策。1798年的《煽动叛乱法》（The Sedition Act）和19世纪晚期美西战争前奏以及其他危机，似乎都为认为他人会受到信息的影响的这种担忧提供了依据（Baughman, 1989）。围绕几场战争对媒体和言论实行严格限制无疑支持了行为成分的概念。据鲍曼（Baughman）所说，政治行动者"留下了证据表明，如果大众媒体没有怎么影响他们，他们怎么会相信大众媒体影响了他人"（p.18）。因此，第三人效果不仅看似合乎逻辑，而且它也对我们生活的世界具有重要意义。

不管怎样，在社会科学研究方面，第三人效果非常符合用来评价理论的几个标准。通常情况下，"好"的理论是抽象的、实证的（可检验的）、简洁的、可推广的、可传递的、启发式的，以及可证伪的。① 本章中的图表除了展示模式的简洁性和实证本质，还展示了它的启发价值。如下几章所示，这个效果适用于（也被称为支配范围；Shoemaker, Tankard, & Lasorsa, 2004）各种各样的信息，从说服到新闻再到娱乐，并且跨越时空。它的抽象在于它超越了媒体和舆论的领域，正如历史和其他现实生活的例子（Baughman, 1989; Davison, 1983），以及方法论问题，诸如问题顺序及措辞（Dupagne, Salwen, & Paul,

---

① 我们对M.马克·米勒（M.Mark Miller）教授我们这些概念表示感激。

1999；Perloff, 1999；Price & Tewksbury, 1996）所阐释的。第三人效果遵循波珀（Popper, 1965）的可证伪性的概念, 要求表述（或理论）"必须能够与可能的或可想象的观察相冲突"（p.51）。证伪的属性需要足够的特征——或界限, 在波珀的术语中——一个假设的真正检验能够导致它的反证。当然, 对于某些群体的某些内容的测试没有导致第三人感知（e.g., Glynn & Ostman, 1988）。

第三人效果几乎总是满足理论的一个特性, 即传递性, 指从一种文化或一个国家传到另一种文化或另一个国家的传输质量。跨文化研究已经产生了强有力的第三人感知成果, 表明这种现象是普遍存在的。尽管大多数的研究都在美国进行, 但是在以色列和加沙地带的犹太定居者（Tsfati & Cohen, 2005）, 新西兰（Douglas & Sutton, 2004）和澳大利亚（Gibbon & Durkin, 1995）的大学生, 德国成年人（Brosius & Engel, 1996）, 以及荷兰的大学生（Hoorens & Ruiter, 1996）中也发现了第三人效果。

鉴于自我强化（self-enhancement, 另译"自我膨胀"）应该在个人主义文化中的作用更大, 因此关于"自我强化"是感知差异的一个潜在机制的想法, 让很多学者怀疑这种效果在集体主义文化中是否会发生。不过, 即使在诸如韩国（Cho & Han, 2004；Lee & Tamborini, 2005）这样的集体主义文化中, 第三人效果也证明了自己的存在, 中国香港的年轻女性对于进食障碍的信息的反应中也存在第三人效果（Wan, Faber, & Fung, 2003）, 以及在新加坡（Wu & Koo, 2001）和中国台湾（Lo & Paddon, 2001）对于淫秽作品也存在第三人效果。甚至, 在一项调查中发现, 八个国家的调查参与者都认为美国媒体对他们自己国家的他人以及其他国家的他人都会产生较大的影响（Willnat, He, Takeshita, & López-Escobar, 2002）。这个研究包括四个亚洲国家和地区（中国内地、中国香港、印度尼西亚和日本）以及四个欧洲国家（德国、英国、西班牙和荷兰）。

那么第三人效果的这些属性能让它成为一个理论吗？可惜的是, 不能, 至少在我们的评价中它还不能被称为理论。休梅克（Shoemaker）等人（2004）为理论列出了一个关键指标, 而第三人效果没能满足这个指标：解释力（explanatory power）, 即被定义为"理论的首要目标是提供解释。解释得越好, 理论就越好"（p.172）。换句话说, 为什么变量之间关系的这种表述得到持续的支持？多亏了那些严格地尝试证伪的实验（David，Liu，& Myser，2004；Paek，Pan，Sun，Abisaid，& Houden，2005），我们现在知道第三人效果是一种"真实"的现象，不只是一个人为现象。但是，显然不管谁被定义为他人，我们仍然未能对第三人效果为什么会发生在如此多的人群和如此多的信息中给出一个令人满意的解释。按照我们在第二章中的说法，第三人效果的驱动机制是什么？我们必须将第三人效果考虑成一个复杂的模式——一个有趣的、美观的模式，但仍是一个模式，直到学者们能够最终确定那个机制。休梅克等人通过对模式进行描述来强调显著的现实的部分，但是模式不能解释。尽管第三人效果确实经常预测（休梅克等人否认模式的一个特性），但是我们认为，没有解释的预测不可能完全准确。

对第三人感知的解释

对于学者们来说，似乎没有什么能比一个经常发生却未得到一个明确解释的现象，更让人兴奋的了。（因为社会科学，我们得感谢这种现象。）在本节中，我们为求准确谈论第三人感知（因为没有任何令人满意的理论和行为成分联系起来，所以我们没有依戴维森［1983］所阐释的那样表述它），会提出许多社会心理学和心理学的理论。但是，这么多年以来，研究人员还没有就驱动这些感知差异的潜在机制达成共识。

在第三人感知相关文献中反复出现的一个主题，是人们倾向于将自己对信息的反应和他人对信息的反应进行对比。对于社会非合意的信息，这种对比总是不可避免地导致人们得出对自我比对他人更有利的评价。这个在心理学文献中有不同的说法，诸如"优于常人效应（better-than-average effect）"（Alicke，Klotz，Breitenbecher，Yurak，& Vredenburg，1995），或者，在某些情况下称为"向下比较（downward comparison）"（Wills，1981），即假定人们设法寻找某些他们能够用来评价自己比他人更优越的特质。第三种解释是乐观偏差（optimistic bias），认为和他人相比，我们更不容易受到负面事件或信息的影响（Weinstein，1980）。然而，研究表明，第三人效果与乐观偏差呈正相关（Chapin，2002；

Gunther & Mundy,1993），负相关（Chapin,1999,2000），或无必然联系（Salwen & Dupagne,2003）。

或许到目前为止最有说服力的解释概念是自我强化动机的观点（Brown,1986）。自我强化不依赖于乐观偏差这个概念，乐观偏差在某种程度上意味着天真（naiveté）。更确切地说，自我强化结合了向下比较理论和优于常人假说的优点，表示在某些情况下，当自我认为不受一种特定信息的影响是聪明的或有益的时，人们将会报告他们事实上没有受到影响。反之，他们认为他人会受到相当显著的影响，尤其是那些和他们有着较远社会距离的他人更是如此。一些研究人员轮番阐释了这个概念的一个紧密变体——自我防御机制（ego-defensive mechanism；Eveland & McLeod,1999），作为一个更好的解释。

我们将在第二章中对这些机制以及他人进行充分讨论。

评价的准确性

在相关文献中，第三人感知是否准确已经成为人们感兴趣的一个小话题（Conners,2005；Perloff,1999）。有观点认为，我们倾向于高估他人容易被信息影响或说服的程度（Gunther,1991；Gunther & Thorson,1992），这种导致更大的第三人感知的现象可能是正确的。另一方面，有些研究发现人们"不能准确地判断他们自己抗拒外界影响的能力（influenceability）"（Gibbon & Durkin,1995,p.601）。事实上，我们更有可能低估了信息对我们自己的影响程度（Douglas & Sutton,2004）。

尽管理解我们对自我和他人评价的准确性很重要，因为它揭示了各种各样的心理过程，但是在这本书中我们不就这个主题投入太多的篇幅。比起它的准确性，我们更关心自我—他人比较的潜在动机。第三人效果发生在个体内部，所以我们不能很容易地判定我们对他人判断的准确程度，但是我们的态度和行为通常是以单纯假设我们自己和他人不同为基础来被预测的。此外，这些现象在整个心理学文献中都是显而易见的，正如心理学家丹尼尔·吉尔伯特（Daniel Gilbert）（2006）在《纽约时报》的一个专栏里面概述的：

在大脑中发生的大部分事情对于大脑本身来说并不明显，所以人们比起抓到他们自己的行为，更擅长对自己玩这类把戏（以不同的方式来评价别人）。人们当然意识到人类在欺骗自己，但是他们似乎并没有意识到他们也同样是人类。（p.12）

例如，在第三人效果方面，这种感知分裂体现在一种"对审查的渴望，（这种渴望）可能是建立在对未经证实的媒体影响的恐惧之上而非媒体实际的影响之上"（Youn，Faber & Shah，2000，p.647）。然而，如果一个人行动起来去推动审查，这种行为可能会导致对媒体的限制——不管这种恐惧是否合理。因此，关于准确性的问题并不像感知本身的存在性以及从这种感知中会产生什么结果那么有意义。

本书目的

尽管自20世纪90年代中期以来，第三人效果在传播学者中引发了一场巨大的热潮，但是即使在最好的情况下，明确地将这种现象与说服联系起来的尝试也只有零星一些。我们这本书的目的是为了提出一种理论视角，即第一人感知只是最基本意义上的说服。对于说服性信息来说，第三人效果是一个非传统的变量或语境。传播学者已经通过各种各样的理论视角，对媒体及其信息的说服作用进行了研究，通常集中在与信息本身相关的传统变量上，有些包括信源，有些包括受众。这些变量在第三人效果研究中的表现非常类似。

关于说服，最重要的是它对舆论的影响、对后续行为的影响以及往往对最终政策的影响。通过将第三人效果定位为一个传播者能够操作的非传统的变量，我们可以减少竞选信息设计中固有的干扰和冗余。此外，意识到第一人效果只是一种说服，可以为学者理解说服提供新的方向，从而为学者在健康、政治以及其他社会运动中设计成功的说服性信息增加更大的可能性。

当然，并不是所有的信息都意在说服。第三人感知发生在娱乐和新闻媒体中和它发生在广告和其他形式的说服中一样平常。对所涉及的变量以及这种现象之所以存在的潜在解释机制进行讨论，可以帮助我们更好地理解人们以他们的方式评价自我和他人的原因。

第二章
接收者变量

◆◆◆

第三人效果中最基本的元素是自我。作为所有第三人数据的来源,包含了自我的个人,对于研究以及对我们理解驱动这些感知的过程至关重要,但是自我也可能是模式中最难以捉摸的部分。例如,尽管驱动第三人感知的机制存在于个人内部,但是事实上,他或她却不能(或不会)告诉我们为什么信息可能影响他人比影响他或她自己更多。自我是研究者不能操作的一个变量,正因如此,人们更倾向于关注信息或"他人"的定义这些能够做出有趣实验的变量,而不是自我。

关于驱动第三人效果的认知和动机过程的测量依赖于个人的自我报告,并且和在其他社会科学研究中一样,它们可能充满错误。人们通常设计用来探索各种各样的个人特征的指标——信息加工、媒介图示、认知的相关性,可惜在很多研究中产生了令人失望的可靠性级别,从而表明指标中所包含的项目不一定反映相同的基本构造。尽管如此,这些指标通常是重要的。另一方面,研究者成功地检验了广泛的变量,以洞察第三人效果如何以及为何频繁发生。

和第三人效果模式中的其他组成部分一样,自我显然是与信息或内容刺激紧密相关的,将二者分开则有些虚伪。尽管如此,但是检验个人特征与对自我和他人所受影响的评价之间如何相关,为解释第三人效果的潜在机制提供了可能。在本章中,我们回顾了那些似乎影响了第三人效果大小的个人特征,然后转向讨论这些特征看上去是如何影响对自我和他人所受影响的评价的。

社会人口统计学研究结果

当然，在早期的效果研究中，人口统计学变量得到大量关注——人们容易对它们进行测量，必须把它们记录下来，并把它们用作控制变量，而且它们通常自身会产生显著的研究结果。然而，第三人效果研究中存在的问题是，人口统计数据不是稳定的预测因素，并且它们有时似乎以违反直觉的方式表现出来。尽管如此，但是这些变量通常"反映或间接指向一些潜在的概念因素，而这些潜在的概念因素实际上影响了人们对他人及自我所受媒介影响的感知"（Perloff, 1993b, p.175）。

因为人们一直认为年龄和性别在预测对媒介或个人权利的支持方面发挥了重要作用（Andsager, Wyatt, & Martin, 2004; Rojas, Shah, & Faber, 1996; Stouffer, 1955），对其进行限制通常包含了第三人效果的行为成分，所以年龄和性别两者似乎都会影响第三人感知。毕竟，在支持权利的研究中一致发现，老年人和妇女更愿意限制言论，这表明他们害怕某些群体接触某种内容会导致暴力、不道德等后果。这反映了戴维森（1983）引人注目的结论，即在历史上第三人效果长期引起人们的恐惧。在反思战争和政治阴谋时，他指出很多领导人或者普通人的行动，都是基于他们对他人会做什么或他人会如何应对的恐惧。

考虑到随着年龄的增长我们更容易受伤害（或者至少我们更害怕受到伤害）的不幸事实，所以如果年龄与第三人效果的感知成分和行为成分都呈正相关，我们也不会觉得奇怪。然而在美国成年人的调查中，年龄本身从来没有持续显著地预测第三人效果（Driscoll & Salwen, 1997; Hoffner et al., 2001; Lambe & Mcleod, 2005; Rojas et al., 1996; Rucinski & Salmon, 1990; Salwen, 1998; Salwen & Dupagne, 2001, 2003; Tiedge et al., 1991）。（布罗修斯和恩格尔［Brosius and Engel, 1996］关于德国成年人的调查确实发现年龄和第三人效果大小呈正相关。）此外，在为成年受访者提供了多样媒体内容的例子的研究中，方向性就变得不规律了：年龄和第三人效果呈正相关或负相关，取决于刺激源。尽管一些调查发现，老年人预期自己比他人受到的影响较小（Rucinski & Salmon, 1990; Salwen, 1998），但是这些研究往往只关注新闻报道，或许是因为老年人选择不让自己接触到我们通常研究的娱乐媒体的类型——如说唱音乐，暴力节目。

同样地，性别在决定第三人效果大小方面似乎也并不重要（Rucinski Salmon，1990；Salwen & Dupagne，2001，2003）。但是在评价暴力电视内容对他人的影响时，性别差异出现了：其中，女性认为暴力内容会对他人产生很大影响（Hoffner et al.，2001）。但是萨文（Salwen）和杜培根（Dupagne）（2001）在关于千年虫新闻的研究中却发现了相反的结果，或许女性认为他人考虑问题不够周全以至于不会去担心预言预测的可能会发生的技术故障。有关色情效果的研究发现，在对自我所受影响的评价方面存在显著的性别差异（Lee & Tamborini，2005；Lo & Wei，2002）：其中，女性认为自己比男性受到更大的影响，并且"其他男性"比其他女性受到更大的影响（Lo & Wei）。霍夫纳（Hoffner）等人的合并（conflation）的概念也许能解释这种不一致："第三人效果中的性别差异在感知所受的影响中既可以反映出自我—他人差异，也可以反映出男—女差异"（p.296）。想象一下一对夫妻对描绘性骚扰的喜剧电视所作出的截然不同的反应，那么随后立即对他们进行调查，他们所作出的反应会取决于他们最近与配偶的分歧也就不奇怪了。尤其是在调查研究中，充满了这种"想都不用想"的反应（Zaller，1992）。

另一方面，性别差异或许只是反映现实。毕竟在考虑这些差异时，人们才清楚地认识到，女性是按照社会所期望的行为方式行事——即鄙视色情和暴力内容。至少关于色情，第三人感知很可能反映这样一种认识，这种内容确实以不同的方式影响男性和女性（Scharrer，2002），通常对女性不利。不管潜在原因是什么，当涉及第三人效果时，请注意，性别差异不是判定的标准，这一点非常重要。①

教 育

教育是所研究的社会人口统计变量中与第三人效果大小关系最密切的变量。当然，这并不是一个重大的启示。教育是一种简单的启发式（heuristic），

---

① 其他与第三人感知没有明显关联的人口统计数据是收入（Rucinski & Salmon，1990；Salwen & Dupagne，2003）；种族或民族（Park & Salmon，2005；Salwen，1998；Salwen & Dupagne，2003）；政治倾向或政治关系（Rojas et al.，1996）；婚姻状况（Park & Salmon，2005）；以及子女数量（Salwen & Dupagne，2001）。

当涉及与他人比较的时候，我们自身的教育水平是可见的。因此，受过多年教育的人比很少受到教育的人更倾向于评价出显著性更大的第三人效果（Gunther，1995；Rucinski & Salmon，1990；Tiedge et al.，1991；Willnat，1996）。在成年人的调查中，教育变量也依然常常与效果无关（Innes & Zeitz，1998；Rojas et al.，1996；Salwen，1998；Salwen & Dupagne，2003）。当把包括认知能力或活动的其他自我感知的调节变量考虑进去时，教育的影响就消失了（Salwen & Dupagne，2001）。

鉴于这些研究发现，导致人们产生强大第三人效果的相同的个人特征也可能导致这些人寻求更高层次的教育。因此，教育和第三人效果有时似乎是相关的，有时似乎又不相关了。毕竟，不是每个倾向寻求更高层次教育的人同样就能获得受教育的机会。

那么，教育有可能在某种程度上是作为一种启发式，有时会引发人们通过与"他人"的智力水平相比较来思考自己的智力水平。在许多实验中，都要求大学生评价信息对他们自己、对同校的其他同学，以及对一个州或地区的居民的影响。第三人效果是常见的。确实，在一个关于32项第三人效果研究的元分析中发现了在感知大小方面的显著不同：其中大学生样本要比非大学生样本产生更大的第三人效果（Paul，Salwen，& Dupagne，2000）。通过要求学生将他们自己与没上大学的人进行对比，研究者暗示了教育启发式。

在解释大学生和非大学生样本的区别时，保罗（Paul）等人（2000）认为，大学生要么认为自己比没有上大学的人更不容易受到影响，要么他们顺从的意愿增加了这样一种可能性：他们将"表达合意的回应，即他们要比他人对信息更具抵抗力"（p.78）。另一种可能性是大学生样本教育水平的有限范围掩盖了一个中介变量。就是说，他们都在进行大学教育，所以在追求高学历与倾向感知强烈的第三人效果的背后可能存在第三个变量。或者，我们认为，大学生可能认为他们自己及他们的大学同伴要比那些没有上大学的同龄人肯定更聪明（他们推测）（Perloff，1993b），并且肯定比他们父母这一年龄段的人更通晓媒体事宜。因此，更大强度的第三人感知可能是自我感知的专业感和社会距离相互作用的结果（在第六章中讨论）。

缺乏清晰的人口趋势（与更加容易预测的调节变量的具体测试），导致萨文和杜培根（2001）得出这样的推论："社会人口统计变量并没有高于一切的理论意义"（p.228）。他们的论点，即我们依靠感知差异诸如智力而非清楚界定的差异诸如正规教育年限来与他人做比较，支持了启发式通常在第三人评价中发挥作用的观点。

个人专业技能或知识

表 2.1　个人特征对第三人效果大小的影响

特征	研究	方向性
教育	Rucinski & Salmon（1990）	+
	Tiedge et al.（1991）	
	Willnat（1996）	
专业技能/知识	Driscoll & Salwen（1997）	+
	Lasorsa（1989）	
	Salwen & Dupagne（2001，2003）	
接触新闻内容	Price et al.（1997）	−
	Rucinski & Salmon（1990）	
	Salwen（1998）	
结果的合意性	David & Johnson（1998）	−
	David, Morrison, Johnson, & Ross（2002）	
	Salwen & Dupagne（1999）	
兴趣/卷入	Mutz（1989）	+
	Perloff（1989）	

注：除了戴维（David）和约翰逊（Johnson）（1998）的研究以及戴维等人（2002）的研究是以大学生为研究对象，其他所有引用的研究都是以成年人为研究对象。

人天生就喜欢拿自己与他人做比较，并且在大部分情况下认为自己在某种程度上更优越。例如，即使知道其他人受过多年正规教育——教育变量最常用的衡量标准，也可能因为她或他没有常识而合理化排除。因此，认为在第三人效果中智力或知识方面感知的差异应该比正规教育更具解释力，这个想法很对。戴维森（1983）在他发表在《舆论季刊》上的研究论文中阐明了这个推理：

在某种意义上，在那些对我们来说很重要的话题上，我们都是专家，因为我们拥有别人无法获得的信息。这些信息可能不是事实性或技术性的，但是它可能和我们的经验以及好恶有关。我们推论其他人不知道我们所知道的。因此，他们更有可能会受到媒介的影响。（p.9）

通过采用各种各样的概念模型来检验所感知的个人知识的研究支持了这个设想（见表2.1）。至少四项成年人的研究都发现，那些认为自己了解一个特定话题的人比那些认为自己不太了解的人，可能会评价出更大的第三人感知。（在本书中讨论以前的研究结果时，我们只讨论那些具有统计学显著性的结果，意味着它们并非偶然事件。其他利用相同变量的研究可能会发现并不显著的结果，我们引用它们来为显著性的结果提供对比。）

在一项成年人的研究中，几种类型的知识——技术的、时事的和特殊事件的知识，在影响第三人感知时都发挥了作用（Driscoll & Salwen, 1997）。有趣的是，所讨论的话题通常具有争议性，例如，1995年O. J. 辛普森谋杀案的新闻报道（Driscoll & Salwen），与2000年相关的技术问题的预言（Y2K；Salwen & Dupagne, 2001），或者一部片名为《亚美利加》（Amerika）的电视迷你剧，剧中虚构了被苏联占领后的美国的生活情景（Lasorsa, 1989）。在每项研究中，要求参与者陈述他们觉得自己对这个话题了解多少。因为这种认为自己特别了解一个话题的自我感知，通常被认为是影响第三人感知的变量，所以很多研究者并没有询问事实性问题来确定这种评价的有效性。

然而，在得克萨斯州奥斯丁开展的关于《亚美利加》的成年人小组研究更值得我们关注，因为它确实尝试通过一个未指定的四项指标来检验参与者本身真正的政治知识水平的有效性（一个令人遗憾的α系数0.62，表明主要问题与政治知识测量有关或与样本有关）。所感知的专业性无法直接比较——反应由所讨论的迷你剧本身的内容和人物的置信水平组成。然而，两个概念之间的差异不一定重要。重要的是，那些认为自己更了解《亚美利加》的观看者比那些认为对这个节目熟悉度相对较低的人可能在呈现第三人效果的人数上高出两倍。当拉索尔萨（Lasorsa, 1989）通过真正的政治知识来分析第三人评价中的差异时，在熟悉度较高和较低的人中，预期第三人效果会出现的人的比例大致相同。换句话说，我们认为我们知道的（和戴维森［1983］预测的非常像）是关键，而非我们真的知道的。通过这种分析，除了几个可能的论题外，教育在第三人领域应该相对不重要。

我们可能会预期非争议性的话题能够便于人们轻松研究问题，不会有麻烦的论点来挑战他们以为他们知道的内容。然而这些研究表明，无论人们是否真的比别人更了解，或者是否存在一个共识或争议，人们都愿意去假设一个所感知的专业知识水平。当然，这种假设似乎是对第三人效果大小的一个积极有力的预测。或者这可能只是调查参与者针对面试者而故作姿态？

自我强化动机

不管自我感知的知识是真实的或只是虚张声势，它支持了关于第三人感知为什么会发生的最常见的解释。很多第三人效果研究都检验了这种现象在多大程度上是我们为了维护健康的自我认知的愿望的产物。被称为"自我强化"（Brown，1986）的概念指出，人们评价自我的动机，部分是在与他人相比较的基础上产生的。因为我们倾向于认为自己在某些方面更优越，我们倾向于低估对他人的正面感知，同时高估对自我相同的正面感知（Alicke et al.，1995）。在第三人效果领域，自我强化可能是以"需要假设自我不受传播影响"（Perloff，1993b，p.178）的形式出现，而且它也可能反之或同时产生对他人所受传播影响的不准确的评价，这取决于与我们将在随后章节中讨论的语境或信息相关的因素。一个密切相关的概念是自我防御反应（self-defensive response），解释了通常由社会合意内容引发的"第一人"的研究结果（Duck & Mullin，1995）。换句话说，如果一个信息是非合意的，诸如暴力色情内容，我们可能会以自我强化的方式来评价，即告诉自己这个信息不会影响我们，但是它确实会影响别人。这种感知也可能是亲身体验的结果（Johansson，2005）。例如，一个已经接触了色情内容并注意到自身行为没有发生变化的人可能会得出这样的结论，因为色情内容毕竟是一种社会问题，所以不会影响我，但是因为它影响了其他人，所以它一定是个问题。

相反地，对于一个合意的信息，诸如在预防保健运动中产生的信息，我们往往是通过假设信息对我们有（轻微）影响而他人不够聪明无法理解其重要性的方式来维护我们的自我。我们也可能是通过假设我们比起那些典型的公民是更具有价值的社会成员来实现的。基于这种情况，一个正面信息，仅仅因为是正面的，所以和我们具有更好的"规范拟合度（normative fit）"（Reid & Hogg, 2005），而非和他人。因此，它对我们的影响要比对他人的影响更大。

乐观偏差，假设的是我们会比他人更有可能去经历正面的事情而其他人则往往经历负面的事情（Weinstein, 1980, 1989），这与自我强化动机紧密相关。两者都是基于使自己感觉相对优越的愿望。尽管甘瑟（Gunther）和芒迪（Mundy）（1993; see also Brosius & Engel, 1996）认为乐观偏差是第三人效果背后的驱动力，但是其他研究并没有在两者之间发现显著的相关性（Chapin, 2000; Salwen & Dupagne, 2003）。因此，其他学者关注于更广泛的自我强化的动机。基于缺乏第三人感知和乐观偏差之间明确的研究结果和强概念上的联系，梅里克（Meirick）（2005b）得出这样的结论，乐观偏差只是反映了潜在的自我强化动机。

在早期，研究第三人效果的学者们——对戴维森（1983）关于感知我们自己是行家的解释没有疑问——抓住自我强化这个概念作为效果潜在的机制。很多研究要么试图去确定自我强化动机的作用，要么认为它是解释机制（Atwood, 1994; Cho & Han, 2004; Duck, Hogg, & Terry, 1995; Duck & Mullin, 1995; Duck, Terry, & Hogg, 1995; Gunther & Mundy, 1993; Gunther & Thorson, 1992; Hoorens & Ruiter, 1996; Peiser & Peter, 2001; Reid & Hogg, 2005; White, 1997）。在一系列的实验中，梅里克（2005b）为实验参与者的自我价值（self-worth）设立了一个威胁，然后测量了后续的第一人和第三人效果，并且发现这两种效果之间的关联性与威胁的量存在正相关，他认为如果"第一人和第三人效果之间的关系是假性相关，那么，似乎驱动两者的第三个变量就是自我强化的需求"（p.479）。

一种检验自我强化会如何影响关于第三人效果判断的方式是看个人特征，这些特征会影响信息对自我产生影响的等级。自我感知的知识再次成为决定内容是否影响自我的关键因素，但是如果内容是负面的，就表明对自我的影响不大（Price, & Tewksbury, 1996; Salwen & Dupagne, 2001）——或者可能更准确地说，是有强烈抵制效果。换句话说，我们越觉得自己知道的事情多，那些可能将我们已经知道的事情再告诉我们的信息就越不可能影响我们。所感知的简单常识具有相同的效果（McLeod, Detenber, & Eveland, 2001），自尊也是如此（David & Johnson, 1998; Duck & Mullin, 1995; 见表2.2）。那些相信自己拥有更高知识水平和常识的人认为不合意的信息不会对他们的态度产生影响。然而，正如表2.3指出的，这种知识不会影响人们对他人受到信息影响的考虑。当然，感知的知识、常识或自尊与对自我所受影响的评价之间的关系支持了自我强化动机。正如麦克劳德（McLeod）等人（2001）指出，"对自我而言，常识的作用意味着一种关于媒介对自我影响的更为复杂、有条件的效果视角"（p.690）。如果自我强化是通过低估他人和高估自己的能力来操作的，那么难道我们不会期望看到对他人评价的逆向效果模式吗？换言之，如果我们被自我强化激励，那么在所感知的知识和他人将会受影响的程度之间应该会存在显著的正相关。

表2.2 对自我所受影响的评价产生影响的变量

特征	研究	方向性
专业技能/知识	McLeod et al.（2001）*	−
	Price, & Tewksbury（1996）*	
	Salwen & Dupagne（2001）	
接触新闻内容	Price et al.（1997）*	+
	Rucinski & Salmon（1990）	
	Salwen & Dupagne（2001）	
年龄	Rucinski & Salmon（1990）	−
	Salwen（1998）	
兴趣/卷入	Price & Tewksbury（1996）*	+
	Salwen（1998）	

注：星号表明研究是在大学生受试者中进行的。

表2.3 对他人所受影响的评价产生影响的变量

特征	研究	方向性
接触娱乐内容	Lambe & McLeod（2005）	+
	McLeod et al.（2001）*	
	Price et al.（1997）*	
兴趣/卷入	Perloff（1989）*	+
	Price, & Tewksbury（1996）*	
	Rucinski & Salmon（1990）	

续表

特征	研究	方向性
年龄	Salwen（1998）	
	Willnat（1996）	
	Rucinski & Salmon（1990）	—
	Salwen（1998）	
宗教信仰虔诚度	Golan（2002）*	+

注：星号表明研究是在大学生受试者中进行的。

可惜的是，很难确定自我强化影响的程度，因为询问人们是否认为自己比他人更优越是根本站不住脚的。然而，有一项研究确实要求被试者意识到并且试着去避免作出自我服务式判断，但都无效——第三人感知依然存在（David, Liu, & Myser, 2004）。因此，动机的作用是推论得出的，不是通过直接检验得到的。研究者从信息的合意性，以及人们判断受到这些信息的影响是否明智或它们是否有潜在的危害来推断出："对自我和他人受信息影响的感知会根据广告和感知者的具体特点存在不同的自我服务方式"（Duck, Terry, & Hogg, 1995, p.321）。一个检验自我强化动机更为微妙的手段是感知他人观看电视的频率和理由，而看电视通常被假定为不太聪明的人所青睐的活动。人们倾向于认为他人要比自己看电视看得多（Peiser & Peter, 2000），并且他们把这种观看行为归因为陪伴、逃避和习惯的需要，而当他们观看电视时，他们却宣称是出于获取信息或其他目的（Peiser & Peter, 2001）。最后，人们认为他人比自己更容易受到不合意的信息的影响（Shah, Faber, & Youn, 1999）。

那么通过这种推理，我们可以得出这样的结论，尽管自我强化动机得到了大量的支持，但是它的作用仍然存在争议。其他研究对人们倾向于产生第三人效果的原因（David & Johnson, 1998; Eveland & Mcleod, 1999; Gunther, 1991）或影响第三人效果大小的因素（Peiser & Peter, 2001）提出了更为复杂的解释。例如，埃夫兰（Eveland）和麦克劳德（Mcleod）通过对相关文献进行全面回顾，得出结论"也许是自我防御的解释，而非自我强化的解释，是与迄今为止的研究结果相一致的"（p.318）。他们对自我防御解释的偏爱是建立在对第一人感知的支持相对缺乏的基础之上。我们将在本章后面部分讨论其他解释。

接触内容

考虑到整个第三人效果的前提是基于对媒介信息的（预期的）接触，那么这个概念屡次被作为效果大小的预测变量也就显而易见了。然而事实上是我们自己在接触讨论中的内容，这就使得研究结果更为有趣了。例如，我们并不是每天8小时都在观看暴力内容，却指望别人做这样的事情，并且基于这一假设对他人受暴力内容的影响进行评价。更确切地说，这里所指的接触内容是我们自己所接触的程度——而非他人是否接触了内容。

针对我们预期接触内容会对第三人效果产生影响的方向，可以提出两个论点。第一个论点认为，如果我们把很多醒着的时间都用来让自己接触某些类型的内容，诸如政治新闻或色情内容，那么我们就能清楚了解这种内容的构成。我们知道了这个，就应该能够推测出他人是否会受到其负面内容很大的影响，并为自己保持不变而感到庆幸。这种倾向会导致出现很大的第三人感知。然而，第二个论点认为，如果我们观看较少的政治新闻或色情内容，我们可能会假设他人会消磨更多的时间观看这种内容。自然，如果只是因为他人观看了更多的这种内容，而认为他们应该更有可能会受到这种内容的影响，这就产生了第三人感知。

哪个论点更为准确？答案似乎是两个都具有解释价值。研究者通过只接触某种特定类型的娱乐媒体就提出了这两个论点，并且特别为第二种观点找到了支持。但是，在新闻媒体的案例中，这两种观点似乎都不足以解释。

接触新闻通常被当作关注或监测来进行测量。使用媒体监测或者关注新闻与第三人效果的大小呈负相关。在一个由三组"坏新闻"刺激源构成的实验中，监测在两组中都具有显著性，并且在三组中都对第三人感知产生了负面影响（Price, Huang, & Tewksbury, 1997）。关于在总统大选期间成年人对政治新闻态度的其他研究表明了类似的结果，其中鲁钦斯基（Rucinski）和萨蒙（Salmon）1990年关于报纸关注的调查和萨文（Salwen, 1998）的研究都报告了新闻兴趣对第三人感知产生的负面影响。当然，在这些研究中受访者都表示他们对新闻媒体有某种依赖（依据操作定义略微有所不同）。很有可能他们认为媒介是"一种就个人而言有用的和可信赖的信息来源"（Price et al., 1997, p.535），这意味着在这个案例中承认自我受到影响是可以接受的。当我们对感知的自我受到的影响进行检验时，那些对新闻媒体使用率较高的人报告称，在这些研究中的新闻报道确实对他们自己的态度有显著的影响，但是对别人的态度则没有影响（Price et al., 1997; Rucinski & Salmon, 1990; Salwen & Dupagne, 2001）。尽管这起初看似违反直觉，但是如果一个人认为新闻媒体是值得信赖的，并且他（她）表示在很大程度上依赖新闻媒体获取信息，而且他（她）相信新闻媒体影响了他（她）的态度，这就支持了存在已久的论点（Perloff, 1989），即当人们认为这样做是明智的或可以接受的时候，他们就会承认自己受到了信息的影响。

当我们转向人们接触娱乐媒体的自我报告时，事情发生了戏剧性的变化。在这里，第三人效果研究的参与者倾向于认为他人——不管"他人"如何界定——明显更有可能受到媒体信息的影响（见表2.3）。当然，应该注意的是，负面或不合意的媒体内容的确如此，它们构成了第三人研究中大多数内容。那么，人们感知他人容易受到哪些内容的影响呢？我们发现在这些研究中有时并未详细说明。普赖斯（Price）等人（1997）检验了人们为寻求娱乐而使用媒介的情况，包括寻求享乐和社会满足感，发现因为这些理由而接触媒介的人更可能认为他人会受到新闻信息的强烈影响。当然，一些被研究的学生可能会把新闻作为一种娱乐、享乐或社会效用的来源，但是普赖斯和他的同事们在询问学生对所讨论的新闻报道的接触情况之前，就询问了他们媒体使用的原因，这表明人们媒体消费的简单理由影响着他们认为他人易受影响的水平。罗哈斯（Rojas）等人（1996）也发现总体观看电视的情况与预期媒介暴力对他人的影响呈正相关。

那么，麦克劳德（McLeod）等人（2001）在研究中要求大学生受试者对他们自己及他人接触音乐，尤其是暴力说唱音乐和"死亡金属"音乐的情况进行评价时所产生的研究结果，就很容易理解了。受试者认为其他学生接触这种音乐越多，受到的影响就越大（see also Wu & Koo, 2001）。而同样的受试者报告称接触这种内容对他们自己没有任何影响也就不奇怪了。研究者没有分析在预测他人所受影响时的自我接触。随后的一项研究发现，大学生预期反社会的内容，诸如无端暴力的电影、色情视频、提倡消费的啤酒广告，以及匪帮说唱，都会对他们自己产生很大的影响，可能是因为他们（说他们自己）对这些内容接触十分有限（Lambe & McLeod, 2005）。当然，大学生意识到了这些信息是由社会定义的——而且无疑是由研究者定义的反社会信息。在大多数情况下，那些大学生认为对于与他们同龄的其他人来说，接触要比内容的反社会性水平更重要。在大学生的研究结果中，他们认为对他们父母的同龄人来说，在接触和反社会内容方面是不稳定的。拉姆（Lambe）和麦克劳德（McLeod）认为，他们研究的参与者认为接触和易受影响之间存在一种相互作用，这种相互作用在易受影响的同龄人和他们较少接触这些内容、不易受影响的父母之间是有差异的（我们将在第三章返回到这个话题）。

媒介效果模式

考虑到在诸如歧视妇女和暴力说唱或金属音乐中缺乏社会合意的内容，而且事实上负面或有害内容通常会产生第三人效果，有人认为人们拥有一种类似于老的魔弹理论模式的媒介效果模式（Eveland & McLeod, 1999; Eveland, Nathanson, Detenber, & McLeod, 1999; McLeod, Eveland, & Nathanson, 1997; Perloff, 1993b）。我们将在第三章中进一步讨论社会合意性和信息内容。这个模式包含了对受众中的他人和媒介本身的观点。不同于直接将我们自己与他人进行比较来评价影响——与自我强化动机很像，这些学者认为我们应该将我们自己与他人分开来进行评价（see also Heider, 1958）。事实上，对于我们到底有没有花很多时间来评价自己，我们尚不清楚，如果我们从一个媒介效果模式来操作，我们只"知道"我们是否受到信息的影响。在确定他人是否会受到信息影响的时候，我们采取了一种天真的想法，即"接触等于直接影响"（Eveland, & McLeod, 1999, p.330），至少对于社会非合意内容，我们是这样做的。拉索尔萨（Lasorsa, 1989）把这些想法与所感知的专业感联系起来，遵循戴维森（1983）的论述指出，我们可以假设是我们的"特殊经历保护我们不受媒介影响，而他人缺乏相关的知识，积极的观众更容易受到媒介的影响"（p.374）。因此，事实上所涉及的那些遵守媒介效果模式的认知加工水平应该较低或几乎不存在。

这种缺乏深思熟虑的比较已经根植于基本归因误差（fundamental attribution error）的心理学现象中，在这里，我们（认为我们）可以对自己以某种方式行事的理由进行充分解释，但是我们却把他人的行为归因于他们固有的缺陷，而不是诸如环境的影响（Ross，1997）。归因理论认为我们依靠启发式，通常是外部线索，来评判对他人行为的预期和解释。对于我们自己，我们着眼的是系统加工和评价优劣，以及考虑我们自身行为所带来的后果。

对自我与他人实行单独评价策略的想法，是在与说服性信息和非合意的娱乐信息的研究相结合的时候出现的（Duck, Hogg, & Terry, 1995; Gunther & Mundy, 1993; Meirick, 2004）。关于内控点（internal locus of control）似乎能够增加人们第三人感知的研究发现（Haridakis & Rubin, 2005），似乎同样支持了单独加工策略的想法。抵制说服支持了媒介效果模式，这在本质上就假设媒介具有负面影响。社会判断理论（social judgment theory）认为，我们将他人与我们自己所做的向下比较，需要通过自我基模（self-schema）对潜在的媒体影响进行必要的筛选（Nisbett & Ross, 1980）。如果我们是在这样的前提下操作，即允许一个不明来源或感人的信息影响我们的观点，意味着软弱，或愿意遵循，或缺乏必要的本领（手段），那么判断我们不易被说服性信息改变，同样支持了自我强化动机。

媒介效果模式对负面信息为什么会存在第三人效果的解释无疑具有吸引力。只需观察公众2004年对诸如"侠盗猎车手：圣安地列斯"等电子游戏中极端暴力的反应，以及随后2005年对这个游戏中秘密包含一个对性进行描述的功能的揭露，就能够为这种可能的机制提供生动的例证。当1999年4月哥伦拜恩中学的两个学生在科罗拉多州利特尔顿杀害了13名学生和1名老师之后自杀的事件发生后，暴力电子游戏和摇滚歌星玛丽莲·曼森（Marilyn Manson）均被指责为男孩的杀人动因。很明显，很多人似乎都是通过一个强大的效果透镜来感知媒体的某些方面——至少当他们在看待那些假设的对他人的影响时是这样的。

然而，另一方面，不像自我强化动机为两种类型的内容都提供了简洁的解释，媒介效果模式没有对合意的信息为什么会出现第一人效果提供直接的、有说服力的说明。埃夫兰（Eveland）和麦克劳德（McLeod）（1999）认为，研究始终没有找到社会合意的信息存在第一人效果的原因，在于我们不愿意认识到或承认自己受到媒体的影响。循着这个论点，如果自我强化是第三人感知的潜在机制，那么在合意的信息的案例中，媒介效果模式应该使我们得出这样的结论，即他人会受到影响仅仅是因为影响来自媒体。另一种可能的解释是已知对一种媒体内容的自我接触的水平和感知媒体内容的社会合意性水平之间的相互作用。例如，一个人可能认为美国公共广播公司（PBS）上播放的教育类节目非常正面。这个人同样也有可能做出不拥有一台电视机的明智决定。在这种情况下，将不太可能有感知的第一人效果。因此，我们因为节目内容是正面的，因而受到影响是明智的（自我强化），所以承认自己受到了一些影响，这就导致了最小第一人效果或者甚至在感知方面没有显著差异。正如埃夫兰和麦克劳德指出，对"特定内容的社会合意性……（和）受到这种内容影响的合意性"这两者都考虑是很重要的（p.329）。

我们同样认为，除了受到这种影响的合意性之外，所感知的受到影响的必要性也可能起到一定作用。例如，人们可能认为一则提倡为"救助儿童会（Save the Children）"这个慈善机构定期捐款的公益广告是社会合意的，并且可能认为捐款是一件合意的事情。但是那些已经向"救助儿童会"捐过款的人再接触到这则公益广告的时候，可能就认为他完全没有必要再受到影响了。然而，如果媒介效果模式和魔弹理论一样，那么默认的假设会是，除非在非常合意的信息的情况下，否则他人会比我们受到更大的影响。另外，在媒介内容达不到有害或非合意的时候，媒介效果模式似乎少了几分说服力。

媒介效果模式对第三人效果中行为成分的解释或许要比对感知成分的解释更好些。我们将在第三章中回到这个话题。

接触的可能性

接触作为第三人感知的一个预测指标往往不具有显著性，这也许和这些接触内容的研究一样具有说服力（Borzekowski, Flora, Feighery, & Schooler, 1999; Rojas et al., 1996; Rucinski & Salmon, 1990; Salwen & Dupagne, 2001, 2003）。其中一些研究同样也关注负面内容，诸如儿童接触香烟广告（Borzekowski et al., 1999）或媒体中的暴力（Hoffner & Buchanan, 1999; Rojas et al., 1996），这些研究表明，就像对特别有害的内容一样，接触和第三人效果应该显著相关。毕竟，我们发现在和"死亡金属音乐"一样显著不合意的信息内容中，接触是一个重要因素并不奇怪。但是如果接触是第三人感知的关键,它应当在广泛类型的信息中发挥作用。此外,接触的概念意味着这种假设,即讨论中的"他人"——无论他们是谁,都有同等的机会接触到(而且显然经常接触到)刺激的内容。或许,这种不切实际的预期起了对影响程度限制的作用,即假定接触不是对自己就是对某些他人。

派泽(Peiser)和彼得(Peter)(2001)提出了限制和可能性的概念作为个体差异的一个函数。他们认为,我们第三人感知的潜能深深地受到了由特定媒体信息激发的特定社会感知的影响,这反过来又作用于个人特征,来增加或减少第三人感知的大小幅度。派泽和彼得在阐述这个机制时借鉴了社会心理学研究,即指出当要求人们作出社会判断时,诸如环境以及可能会构成"他人"的人等现实限制,影响了社会感知所触发的内容(Goethals, Messick, & Allison, 1991)。因此,如果要求那些收听暴力说唱音乐的大学生判断这种音乐是否会对他们父母的同龄人造成影响,这些大学生可能会说那个年龄段的人应该不会受到影响,仅仅是因为那些人不会接触到这种类型的音乐。或者,正如派泽和彼得解释的:"那些很少看电视的人应该处于更好的位置——并且因此更可能——去认为广告对他人要比对他们自己的影响更大",因为轻度观看者知道重度观看者自然会看更多的电视广告(2001, p.157)。

为了检验他们的假设,派泽和彼得(2001)调查了德国成年人观看电视的行为,包括这些观看行为的传统第三人效果项目。他们发现,总的来说,在数小时的观看和从娱乐到习惯再到逃避等大多数的媒体使用与满足中都发现第三人感知(see Katz, Blumler, & Gurevitch, 1973; McQuail, Blumler, & Brown, 1972; Rubin, 1983, 2002),但是只有在新闻观看和有目的的观看中发现第一人感知。当研究者增加了感知的位置(perceptual position)变量——包括人口统计数据,个人的合意性(对观看行为,而非内容),观看频率以及他们是倾向于自己看电视还是和他人一起,个体差异在第三人感知中便显得突出。根据所讨论的媒体使用,个人的合意性和"生活状况"(教育、年龄、家庭规模或观看环境)相互作用产生了不同大小的第一人或第三人感知。对自我和他人的这些变量进行的单独分析表明,感知的位置在确定自我受到的影响方面更为重要。对于自我,在每项电视观看使用中只有少数的"感知位置"变量说明了高显著量的方差(R^2 ranged from .10 to .43; Peiser & Peter, 2001)。

因此，研究者得出结论，接触的限制/可能性，以及行为的个人合意性（他们没有测量影响的可能性），为第三人感知的大小设置了一个现实的限制，但是不一定决定这种感知是否发生。

对第三人感知更加传统、直接的测量，包括感知接触的频率，支持了这个结论。第三人感知的研究者基于这样的想法，即我们越是预期某一群体会接触某种信息，那种信息对他们的影响会越大，为这种现象提供了令人信服的证据。在两项研究中，18组有社会距离的群体（基于年龄）中有17组的大学生受试者认为，他人更有可能会让他们自己接触到暴力或歧视女性的说唱音乐，暴力或歧视女性的死亡金属音乐，以及暴力动作片（Eveland et al., 1999）。大学生预期，唯一那组不太可能比他们自己更会去听这种内容的人，是40岁以上比他们年长的人，可能这种现实判断是考虑到这种刺激源是说唱音乐和死亡金属音乐。显然，如果我们不听这种音乐，我们就不可能直接受到它的影响，而且除了中年人以外的任何情况都产生了强大的第三人感知，这一研究结果也支持了这个想法。埃夫兰和他的同事随后将接触与之前讨论的媒介效果模式联系起来，这样一来，考虑内容作为一种刺激就说得通了。然而，关于他人更可能去消费社会非合意的或负面的信息这一想法（Brosius & Engel, 1996）支持了自我强化动机。不仅仅是因为我们太明智了以至于不会受这种垃圾信息影响，（经常，总之）还因为我们太明智了甚至不会去接收这类信息。

卷入和兴趣

卷入是在大多数说服模式中长期建立的一个关键部分（Chaiken, Liberman, & Eagly, 1989; McGuire, 1989; Petty & Cacioppo, 1986; Sherif & Sherif, 1967）。基本上，我们对一个问题或对象的卷入程度越高，我们在加工与这个问题有关的新信息时就会越系统化。我们可以将兴趣作为一个阈值水平更低的相关概念或作为卷入的前奏。当然，我们开始进行加工之前必须先参与一个话题，而那些不参与这个话题或认为这个话题对他们来说不重要的人，将依靠启发式或外周线索来加工相关信息，而不会花时间和心思来加工。当戴维森（1983）

指出"宣传者显然是想通过影响其他人来试图操纵这些第三人的行为"（p.3）时，他就暗示了我们认为第三人天生就不如我们自己更多地卷入其中。在这个例子中，宣传者是基于这样一种假设，即第三人是外周线索的加工者——当面对不是特别重要的消息时，这些第三人将依靠启发式做决定或调整他们的态度。在这种情况下，这种"其他人"和他（她）的潜在行为将变成一种启发式线索。

正如佩洛夫（1993b）指出的，卷入在社会判断理论中占有突出的地位（Sherif & Hovland, 1961; Sherif & Sherif, 1967; Shrief, Shrief & Nebergall, 1965）。当人们高度卷入一个问题时，他们就越可能对态度不一致和态度一致的信息进行区分，要么从他们自己的立场对比信息，要么吸收理解信息——也就是说，认为信息提倡一种比它实际上更接近他们立场的观点。这种按照信息与我们态度的匹配度来评价信息的想法显然支持了第三人效果的一个假设，即我们考虑信息内容。根据社会判断理论，对话题具有较高自我卷入的人们是很难被说服的，大量第三人效果研究产生了这样一个研究结果：对信息卷入高的人们倾向于认为信息对他人态度的影响要比对他们自己态度的影响更大，这支持了社会判断的概念。

因为卷入在说服领域发挥这样的作用，所以发现它与第三人效果有较强的联系当然就不意外。早期的研究发现，在新闻报道中的个人卷入、感知的重要性或兴趣与第三人感知之间存在较强的正向关系（Matera & Salwen, 1995; Mutz, 1989; Perloff, 1989）。另一方面，萨文（1998）却发现，在对总统竞选新闻的兴趣与第三人感知之间存在显著的负向关系，他通过人际传播和媒体传播中无处不在的竞选信息来对此作出了解释——这一发现支持了接触的可能性的概念，如果我们假设政治竞选新闻是合意的。尽管卷入或兴趣的大部分影响通常归因于对他人的影响（Perloff, 1989; Price & Tewksbury, 1996; Rucinski & Salmon, 1990; Salwen, 1998; Willnat, 1996），但是对于一些新闻话题，感兴趣的人们认为信息对他们自己的影响要比（假定的）对此不太感兴趣的与他们相对应的人的影响要大（Price & Tewksbury, 1996; Salwen, 1998）。在自我受到更大影响的案例中，所讨论的媒体内容都是由全国新闻案例的报道——关于政治人物或一个耸人听闻的谋杀案的新闻——组成的，并且研究的参与者可能没有像早期研究的参与者那样对话题具有同样的卷入程度，尽管他们当然可能是感兴趣的。甚至是萨文研究的1996年总统选举，大体而言，也是一个预料之中的必然结局：

受欢迎的比尔·克林顿总统竞选连任成功，击败了堪萨斯州参议员鲍勃·多尔。

话说回来，兴趣往往是短暂的。兴趣和态度很像，可以被塑造和改变，兴趣在某一特定话题中可能逐渐减弱。还没有人对兴趣的波动是否会影响第三人感知进行研究。相隔十年对同一话题进行的两个实验，为话题在预测第三人感知方面可能比兴趣水平更重要提供了证据。1993年，流行歌手迈克尔·杰克逊与一对父母解决了一起民事诉讼，这对父母声称迈克尔·杰克逊骚扰了他们正值青春期的儿子。在那个时候，一个采用大学生样本作为研究对象的实验发现了很大的第三人感知，实验使用新闻报道的摘要来提示这个新闻报道，使得指控看上去比实际更严重（Price & Tewsbury, 1996）。尽管事实上，被试者表明对杰克逊的指控对他们自己的重要性很低，但是显著的效果还是出现了。2005年，杰克逊因另一起娈童指控接受审判，引发了新闻狂潮。尽管这时很多大学生表示他们关心裁决，但是阅读了包含在法庭证词中的色情细节报道的大学生同样产生了高显著性的第三人感知（Andsager, White, & Kuennen, 2005）。但是，考虑到猥亵儿童这种伤害性话题，内容很可能会取代兴趣水平的影响。

相比之下，当人们已经与话题的一方面牢固地联系在一起并且卷入度很高时，说服他们去考虑一个不同的观点的可能性是很低的。然而，他们的卷入度越高，他们似乎越会担心他们圈子外的他人会受到信息的影响。佩洛夫（1989）进行了一项非常有趣的实验。实验中，他有目的性地选取了受试者，这些受试者深入参与到了手头的话题中——亲以色列和亲巴基斯坦的学生同样也是他们各自学生组织的成员。除了预期被称为中立者的"他人"有巨大的第三人感知外，两组的成员都认为中立的观众会作出更有利于对手小组的评价，会回忆起让对手小组看起来比他们自己更好的事实，并且感觉更赞同对手族群的成员。一个后续的实验发现，事实上，中立的观众并没有做这些事情。尽管佩洛夫的实验没有测量行为成分，但是他的发现无疑支持了戴维森（1983）的想法，即通过将信息直接对准卷入者主要对手的方式来影响卷入者的行为。

个人的脆弱性

当一个人高度卷入到一个话题时，驱使他感知潜在的更大的第三人效果的动机可能是自我保护。显然，佩洛夫（1989）利用以色列—巴基斯坦的冲突更有可能是基于保护（种族、历史、生活）而非强化。另一个卷入度通常也很高的领域是关于年轻女性的身体形象，这有时会带来可怕的个人后果。大卫和约翰逊（1998）研究了女大学生对有关理想体重到危险减肥的信息——一系列从合意到非合意的信息所作出的反应，发现他们的受试者努力将社会风险，诸如被别人批评，与个人风险，包括伴随饮食失调而造成的身体伤害，进行区分。信息非合意性越大，女大学生就越关注个人风险。于是，这些女性受试者很像佩洛夫实验中的成员受试者，也表现出对这些潜在威胁信息的认知加工的迹象，导致研究者得出这样的结论，尽管"自尊可以很好地与第三人偏差的动机成分相关联，但是个人脆弱性因素（社会性体格焦虑，体重身高比，体质监测）使他们自己与认知偏差成分结合得更紧密"（David & Johnson, p.54）。当然，认知偏差成分的概念是指我们往往通过最小化他人聪明地识别信息的能力以及抵制说服或负面影响的能力，来提高我们的自我感知——这又将我们带回到了自我强化动机。

总　结

从第三人效果研究一开始，个人特征就激起了学者们的兴趣，这些特征似乎影响了研究参与者表明自我、他人和第三人感知受各种各样信息内容影响的程度。没有一项被测量的个人特征在全部人口、刺激或语境，特别是社会人口统计学变量中表现得始终如一。然而，我们可以颇为自信地说，人们对一个话题的卷入（或感兴趣程度）通常与他们感知自己和他人所受到的影响有所增强密切相关，这通常影响了第三人效果的大小。那些认为自己更了解一个话题的人，相信他们能够抵抗信息的影响，并且认为所感知的知识通常会导致更大的感知差异，这可能是因为他们预期他人——那些并不知情的人，会容易受到影响。这些合理一致的结果与说服理论一致。

尽管学者们还没有对第三人效果的潜在机制达成共识，但是大部分的研究似乎支持了自我强化动机。媒介模式理论似乎解释了关于社会合意的信息的研究发现，但是他们也可能是基于自我强化的概念。对信息和语境变量的探索应该会对这个讨论提供进一步的启示，我们下一章将转向信息本身。

第三章
信息变量

❖ ❖ ❖

在二战期间，一个试图让美国军队中的非洲裔士兵从美国战争中脱离战斗的日本宣传单无心插柳地为第三人效果埋下了种子（Davison，1983）。这个信息对白人军官的影响似乎要比对目标受众的影响更大，但是这些白人军官显然认为这些信息会对军队产生影响。比起传单本身，戴维森对充分解释自我——他人比较的这种心理学现象更感兴趣，而且他在开山之作中对信息内容只是一笔带过。他的解释是基于"说服性传播（这种传播是否意在说服）"（p.3），接触了这种信息的人预测他人将会比自己受到更大的影响。因此，戴维森承认媒介传播的多义性，也许这就是他为什么不关注信息的原因。

第三人效果固有的假设是，所讨论的信息有导致不良后果的潜力。因此，研究者研究了很多种社会非合意的信息内容来检验这种内容和第三人感知之间的关系；相反地，研究者研究社会合意的信息，以期他们会激发第一人感知。尽管大多数时候的研究结果支持了这种假设，但是信息和感知的影响之间的关系并不像乍看起来那么明确。一个关于第三人效果研究的元分析确实没有发现合意的和非合意的内容在第三人感知中有什么显著的区别，作者认为合意性可能是一个比学者们设想的更为多元的概念（Paul，Salwen，& Dupagne，2000）。佩洛夫（1999）指出"实验环境的限制"可能"使参与者不愿承认非合意性信息的影响"（p.361），这使得事情变得更为错综复杂。换句话说，经过检验而可靠的方法论产物，诸如社会合意性和需求特征等，可能掩盖了所感知的信息非合意性的程度。

测量信息的合意性

也许出现这种违反直觉的研究结果的原因，在于对什么是合意的什么是非合意的信息仍不明了。很少有研究要求他们的参与者评价信息的合意性程度，取而代之的是依靠研究者的假设。这种按照定义认为某些内容是非合意的无效假设可能不被研究参与者本身所赞同。没有对信息的态度的测量，我们被置于一个需要事后确定合意性的困境中，而这是一个不允许证伪的做法。保罗和他的同事（2000）将他们元分析中所研究的信息编码为合意的、非合意的或中立的——尽管他们承认他们自己的推测具有"可疑的有效性"（p.68）。一个研究身材纤细的模特形象对女大学生的影响的实验认为，饮食失调是一个非合意的后果（David, Morrison, Johnson, & Ross, 2002），但是年轻女性有时渴望通过这种方式来控制体重（Brumberg, 1997）。最后，常识表明亲社会的信息天生就是合意的，但是达克（Duck）和马林（Mullin）（1995）发现他们的被试者认为"承认受到了表现人们亲社会行为的正面内容的影响，是非合意的或者至少是'傻乎乎的'"（emphasis added; p.90）。事实上，在直接检验信息是否假定为先验的合意或非合意时，信息被感知也确实如此，胡伦斯（Hoorens）和鲁伊特（Ruiter）（1996）报告称他们的参与者确实是按照通常认为的合意的内容来评价什么是合意内容的——但是在另外的研究中，对于"非合意的"内容的判断就不那么明朗了。

因此，未经检验的假设结果是一大堆不一致的研究发现混杂在一起，阻碍了我们理解信息对受众的意义是什么。梅里克（Meirick, 2005a）对社会合意的信息本身是否有效表示怀疑；相反，他认为自利性偏差（self-serving bias）和这种内容相互作用产生了第一人感知："在受访者看来，可能不是亲社会信息的影响驱动了倾向；而是当这些弱的但是善意的信息接触到已经接受（和他们自己一样）的想法时发挥了作用"（p.840）。例如，人们同样可能支持对电视直播审判、电视暴力和负面政治广告进行限制（Dupagne, Salwen, & Paul, 1999）——虽然研究者经常将电视暴力贴上"非合意的"标签，但是却认为新闻，或许包括直播审判，通常是中立的。

但是，这些标签有多准确以及它们可能会对我们对影响的感知带来什么后果？一个早期的研究着手于确定信息可能产生的潜在危害与随后的第三人感知大小之间的关系（Rucinski & Salmon，1990）。在对成年人的调查中，研究者要求调查对象对负面政治广告、投票选举、政治广告、新闻和辩论等所感知的危害进行评价。当调查对象评价这些信息对他们自己和他人产生了多少影响时，评价结果产生了几乎完全相反的模式，尽管他人被认定受到更多的影响，但是评价结果认为所感知的危害与第三人感知无关。然而，重要的是，所感知的危害与感知自我和他人所受到的影响之间呈现显著的正相关。换句话说，如果调查对象认为危害会发生，那么他们似乎会认为他们和他人都会受到影响，而不仅仅是他人。因此，调查对象虽然能够识别非合意的信息，但是这并没有如我们预期的那样增加自我—他人的感知差异。对于这个研究发现的一种解释是，单项危害测量可能使得参与者更关注他们自己，而没有考虑到更大的层面（Hitchon，Chang，& Harris，1997）。另一方面，布罗修斯（Brosius）和恩格尔（Engel）（1996）发现，当他们的参与者认为受益可能性是正向的（例如，广告是刺激而不是影响）而非负向的时候，他们假定感知差异会更小。

尽管，对于普通的电话调查对象来说，对选举过程危害的感知可能有点儿深奥。但是，对于一个受众容易理解、非合意的但却具体的话题，我们确实能够发现明显的第三人效果。在2005年迈克尔·杰克逊娈童案中，研究者研究了从新闻报道中感知到的猥亵行为（Andsager，White，& Kuennen，2005）。研究发现，尽管新闻报道中的猥亵行为没有与对他人的影响呈正相关，但是与对自我的影响呈正相关。当谢（Chia）、卢（Lu）和麦克劳德（McLeod）（2004）就一个政治家的色情视频询问大学生时，大学生评价它是色情的、肮脏的，并且类似于色情片，研究者还发现他们的参与者认为自己的性态度会比他人的性态度受到更大的影响。

当甘瑟和芒迪（1993）要求参与者评价自己受到各种各样信息的影响"有多明智"时，他们发现社会非合意性和所感知的感知差异之间关系不大。在一项不同的实验中，尽管关于自我与他人所受影响的评价没有出现明确的研究结果，但是被参与者评价为"可控的"有关健康问题的新闻报道，诸如药物成瘾，产生了显著的第一人感知，相反，那些人们不易预防的疾病，例如肺炎，产生了第三人感知（Andsager et al.，2006）。最后，即使当成年研究参与者识别出某些内容对他人具有潜在的危害或不道德的影响的时候，那种感知的危害或不道德的程度也没有产生明确的感知差异模式（Lambe & Mcleod，2005；Salwen & Dupagne，1999）。

由埃夫兰和麦克劳德（1999）所做的一项实验或许是对信息合意性的第三人感知最直接的检验。实验中使用了四种说唱音乐的歌词——暴力、反暴力、歧视妇女、反歧视妇女，研究者要求大学生按照歌词是亲社会的还是反社会的来对其进行评价。这个研究对于解释为什么有必要要求参与者指出信息的合意性是个很好的例子：尽管歌词具有显著的不同，但是他们认为反社会组歌词所具有的负面性远比亲社会组歌词所具有的正面性大。埃夫兰和麦克劳德总结称，"在我们的参与者看来，受到亲社会说唱歌词的影响是不够合意的"（p.328，emphasis added）。

尽管如此，参与者认为，反社会信息将会对他人比对他们自己产生更大的影响，而（相对地）亲社会信息会产生非常弱的第三人感知。因此，尽管实验为自我强化动机提供了支撑①，即反社会内容对参与者的影响远小于亲社会信息的影响，反社会歌词产生的感知差异更大，但是确定社会合意性的问题依然存在。"亲社会"在什么程度上和社会合意性是相同的概念？"反社会"这一术语经常被用来形容个人，那么很有可能埃夫兰和麦克劳德（1999）研究中的参与者暗示的是个人层面而不是社会层面，这可能对第三人效果产生影响，尤其是行为成分。

最后，关于社会合意性的一个不太引人注目的形式，是一个研究政治竞选广告中情绪和性别如何相互作用的实验集中讨论的焦点（Hitchon et al.,1997）。研究者用四个语义差异项来定义社会合意性，包括社会合意性的正锚、社会责任、有益的，以及对社会有利。负面政治广告被认为比中立的和正面的政治广告更不合意，这表明了一定程度的内部效度。在正面和中立的情况下出现了第三人感知，但是参与者报告称，社会非合意的负面广告对他们自己产生的影响要比对他人产生的负面影响更大（Hitchon et al.）。事实上，参与者能够

---

① 埃夫兰和麦克劳德（1999）认为他们的研究发现没有支持自我强化动机——只是支持了自我防御动机，因为亲社会的歌词没能产生第一人感知，在反对歧视妇女的歌词中出现了第三人感知。歌词本身，被研究人员描述为"怜悯地讲述一个在大街上受到男人言语和身体上性骚扰的女人的故事，并且嘲讽那些将妇女作为妓女和性对象的男人"（p.23），这使得人们很难解释完全忽视自我强化是否准确。很有可能诸如"妓女"（可能更糟的）这种词对参与者有启动效应（priming effect），利用了男女大学生对妇女根深蒂固的态度。

在这样不好的情况下观察到明显非合意的信息，这表明他们认为他们能够识破候选人潜在的有害意图，然而他人则不能。

在另一端，信息的社会合意性理论上应该导致第一人感知，或者至少是非常微不足道的第三人感知。达克（Duck）、特里（Terry）和霍格（Hogg）（1995）研究了参与者对有关安全性行为的媒体信息的反应，发现认为受到这种信息的影响是"好的"的人感知到了第一人效果，而那些对信息的合意性没有任何意见的人认为他们自己与他人之间差异不大。研究者再次倾向于依赖社会合意性的信息的表面效度，而非实际检验他们的参与者的态度。

社会合意性的信息除了缺乏明显的感知的危害以外还具有什么属性？怀特（White）和狄龙（Dillon）（2000）认为，人们通常认为社会合意性信息的目的应该是正面的。他们在提倡器官捐献的公益广告中发现了第一人感知，得出结论："被亲社会的、利他的公益广告说服是一件社会合意的事。并且，自我强化可以通过相信'我比他人更有可能从事这种所倡导的优秀行为'来获得"（p.800）。詹森（Jensen）和赫尔利（Hurley）（2005）在一项实验中选择"有益的"作为对社会合意性的测量，并且发现那些评价新闻报道有益的参与者明显要比那些没有发现报道有益的人更有可能会说他们自己受到了报道的影响。然而，研究中没有与社会合意性相结合的第三人测量的报告。

无论信息是非合意的、攻击性的或有害的，第三人感知都不会自动出现。信息和感知差异之间不一致的关系是一个重要的话题吗？它会因受众不同而有所不同吗？或者，它是一个方法论的产物吗？依据信息类型对第三人效果研究进行进一步检验，可以帮助阐明我们的理解。

新闻内容的第三人感知

新闻媒体无处不在，从理论上讲，我们对新闻报道如此习以为常，以至于我们可能不会考虑它们对我们可能产生的影响，除非是一个毁灭性的事件，诸如2005年卡特里娜飓风对墨西哥湾沿岸的破坏以及随后的日子里生动的、灾难性的新闻报道。除非我们得到关于它们的报道似乎影响他人的证据，诸如为卡特里娜飓风（以及2004年印度洋海啸）受害者提供大量的私人捐助，否则我们几乎不会去考虑新闻媒体会对他人有任何影响。

电视画面里被摧毁的社区和遇难者的尸体确实令人不安，但是它却为我们提供了观察世界的机会。我们消费新闻媒体的一个最主要的原因，在于通过新闻媒体我们可以立即获知世界各地发生的事件（Rubin，1983）。尽管，人们可能会将可信度和公平程度的不同归因于新闻媒体，但是我们几乎不会认为新闻媒体的内容本身是非合意的或有害的。那么，关于新闻信息的这些相互矛盾的感觉是如何影响第三人感知的呢？

表 3.1　有争议的新闻话题的第三人感知

信息话题	研究	样本	TPE
克林顿总统政策变化"摇摆不定"	Price, & Tewksbury（1996）	大学生	.59
千年虫问题的新闻报道	Salwen & Dupagne（2003）	成年人	.64
总统竞选新闻	Salwen（1998）	成年人	.71
迈克尔·杰克逊骚扰指控	Price, & Tewksbury（1996）	大学生	.72
赞成拥有枪支的社论	Douglas & Sutton（2004）	大学生	.72
儿童可获得的网络色情	Price et al.（1997）	大学生	.73
辛普森案中警官的种族主义	Price et al.（1997）	大学生	.73
克林顿总统白水门事件	Price, & Tewksbury（1996）	大学生	.74
电视审判影响舆论	Salwen & Dupagne（1999）	成年人	.74
辛普森可能因为新闻报道未得到公正审判	Price, & Tewksbury（1996）	大学生	.75
众议员金里奇的出书生意可能影响游说	Price et al.（1997）	大学生	.79
化肥中不受监管的二噁英	Jensen & Hurley（2005）	大学生	1.00
灰狼从濒危物种名单中删除	Jensen & Hurley（2005）	大学生	1.02

注：数字越小表明第三人感知越大。大于1.00的数字表明第一人感知。

在大多数情况下，那些利用某种类型的新闻报道作为刺激的第三人感知研究发现，尽管统计学上具有显著性，但是感知差异是极小的。表3.1总结了一系列新闻话题。（本章表中显示了自我所受影响与他人所受影响的比值［标记为TPE］。对于那些可以获得平均值的研究，自我的平均值是被他人的平均值相除的，因此TPE分值越小表明感知差异越大。研究中进行一个以上的自我—他人比较时，我们使用了与研究参与者社会距离最小的群体的平均值。计算自我与社会上最亲密的他人之间的差异时，通常产生相对较低的感知差异。我们将在第六章中讨论社会距离的重要性。）

尽管表3.1所包含的研究中鲜有要求参与者按照社会合意性来评价信息的，但是相对缩短了范围的感知差异表明，总的来说，新闻报道没有产生很大的第三人效果。与明显更有害的内容相比，诸如暴力或歧视妇女的描写（表3.3），以及负面政治广告（表3.4），可能除了有关克林顿政策变化的报道（Price & Tewksbury，1996）外，新闻报道似乎与尚未定义的社会合意性的信息更为相符。普赖斯（Price）和图克斯伯里（Tewksbury）在那个实验中所使用的三个新闻话题中，克林顿的所谓的政策变化"摇摆不定"比其他两个话题导致了更大的第三人效果，但是可惜的是，没有提供关于样本的信息来对此做出解释。

重要性

值得注意的是，绝大多数使用新闻作为刺激的第三人效果研究都采用大学生作为样本。大学生和他们那代人的其他人一样，很少花时间去关注新闻媒体（Mindich，2005）。如我们在第二章讨论的，接触新闻内容是决定第三人感知大小的一个非常重要的变量，以致那些消费更多新闻的人要比那些不看新闻的人更有可能承认新闻对他们的态度产生了影响，继而感知他们自己与他人所受到的影响之间的差异较小。

尽管大学生基本上很少花时间在一般的新闻上，但是某些话题可能会吸引他们的注意。因此，检验上述讨论的特定话题对研究参与者所感知的重要性是非常有用的，因为对于突出的新闻报道，新闻消费应该会增加。普赖斯和图克斯伯里（1996）发现，话题的重要性与对自我的影响和感知对他人的影响之间呈正相关，因此没有改变第三人感知。反之，那些似乎与参与者不相干的话题可能不会增强对参与者的影响（Jensen & Hurley，2005）。话题的重要性当然与卷入和兴趣紧密相关，并且在结果中产生类似的趋势，但是我们对其进行单独讨论是因为重要性似乎是一个基于信息的概念，而卷入和兴趣从传统角度看是以人为中心的概念。例如，考虑到美国人的决定可能会在未来至少十年对国家产生影响，所以我们可能认为最高法院法官候选人的听证会对美国人来说是重要的。但是在2005年塞缪尔·阿利托法官被提名取代大法官桑德拉·戴·奥康纳的案例中，只有 14% 的美国人"非常关注"阿利托的参议院听证会（The Pew Research Center for the People & the Press，2006，January11）。与此同时，47% 的人表示他们对在西弗吉尼亚州矿难中 12 名矿工的营救行动非常关注，这个新闻报道虽然很引人关注，但只对那些和采矿业以及和他们的家庭有关的人来说具有重要意义。

诽谤的或伤害性的新闻报道

研究人员最初研究的关于第三人效果的实际应用之一是在诽谤案中陪审员可能受到的影响（Cohen，Mutz，Price，& Gunther，1988；Gunther，1991）。陪审员对诽谤给个人造成的伤害程度进行评价，然后建议一个赔偿金额来弥补对个人名誉造成的伤害。很明显，确定某个人名誉受到伤害的程度需要考虑到他人对诽谤性新闻报道会作出怎样的反应。诽谤性新闻报道要求虚假信息是已经发布的，无论是因为出版商的疏忽还是已知的错误造成的，所以这种类型的新闻报道应该属于"社会非合意的"信息这一类。

表 3.2 诽谤性新闻报道的第三人感知

信息话题	研究	样本	TPE
《纽约时报》诽谤当地警察局局长	Gunther（1991）	大学生	.66
不知名报纸诽谤大学足球教练	Cohen et al.（1998）	大学生	.73
不知名报纸诽谤州最高法院大法官	Cohen et al.（1998）	大学生	.90
新闻报道损害公众人物的声誉	Lambe & McLeod（2005）	成年人	.93

注：数字越小表明第三人感知越大。

然而，通过检验到目前为止的研究结果，我们可以看到诽谤性新闻报道似乎分为两种类型。（见表 3.2。除了 Lambe & McLeod[2005] 以外，这个表中的研究都是操作信源的实验。表 3.2 中报告的 TPE 分值反映了中立信源的情况。我们将在第四章讨论信源的影响。）当受到伤害的是本地人物（Cohen et al.，1998；Gunther，1991），而不是那些远离参与者生活领域之外的人，第三人感知往往更大。这表明，卷入很可能缓和了参与者的反应。他们对自己所熟悉的名人（在大学谁能比足球教练更知名？）受到的伤害越关心，他们就越不会受到那种诽谤新闻的影响,而其他读者可能会对本地人物不再敬仰。那么,这就和卷入的相关研究结果很像,那些强烈关注某一话题的人似乎会担心他人会如何对(说服性)信息作出回应。

暴力、仇恨或歧视妇女的内容

最好的、或许也是最经常检验的第三人感知的例子是那些本身就含有有害内容的媒体信息——宣扬对他人(通常是妇女)的仇恨和暴力以及色情信息。尽管人们对以说唱音乐形式出现的仇恨或暴力的媒体信息也进行了研究,但是这类信息通常还是以电视或电影暴力的形式出现。有趣的是,尽管色情媒体信息中也有对各种暴力和堕落的描述,但是仅色情这个词似乎就能成为一个充分引起第三人感知的启发式。那么这种类型的内容经常会引发相当大的第三人效果也就不足为奇了。不管这种现象潜在的机制是自我强化理论、自我防御机制、乐观偏差还是其他什么,都很难想象这样一种情况,即人们会认为受到这种信息的影响是明智的。如果没有别的,那么希望出现社会接受的合意性产物(或者取悦进行这个研究的教授)应该是对这种类型信息中存在的感知差异作出的解释。

在暴力或仇恨内容的范围里,暴力描写已经在成年人和大学生样本中都产生了最大的第三人感知(见表3.3)。比起其他任何内容,仇恨的或暴力的内容似乎在各种各样的群体中都能产生最大的第三人感知,这些群体包括大学生、美国成年人以及澳大利亚成年人。考虑到媒体暴力一直以来都是公众对媒体产生焦虑的根源——从20世纪20年代描述犯罪的早期电影到20世纪50年代的连环漫画(Lowery & DeFleur, 1988),这也就不足为奇了。在罕见的模仿现象中,虚构小说里所描述的离奇袭击或谋杀行为在现实生活中重新上演,以及经常发生的其他轶事,足以重新激起我们对第二章中讨论的媒介效果模式的坚持。然而,将这种差异仅仅归因于信息会存在一个问题,即沙勒(Scharrer, 2002)所警示的,对媒体暴力挑衅的恐惧可能反映的是对种族或其他群体的刻板印象,而非所描述的犯罪本身。我们支持沙勒的说法,即人们认为这种类型的内容所具有的潜在危害不可能是影响感知的唯一因素,因为成年人中的第三人效果与这种差异的大小不是呈线性相关(Lambe & McLeod, 2005)。

表 3.3 暴力或歧视妇女内容的第三人感知

信息主题	研究	样本	TPE
媒体中的暴力	Innes & Zeitz（1988）	成年人	.18
电视暴力	Gunther & Hwa(1996)	成年人	.28
歧视妇女的说唱音乐	Mcleod et al.（1997）	大学生	.40
暴力或歧视妇女的音乐	Eveland et al.（1999）	大学生	.58
仇恨团体的网站	Lambe & McLeod（2005）	成年人	.61
暴力说唱音乐	Mcleod et al.（1997）	大学生	.62
色情	Lambe & McLeod（2005）	成年人	.62
电视暴力	Salwen & Dupagne（1999）	成年人	.65
色情	Rojas et al.（1996）	大学生	.72
电视暴力	Rojas et al.（1996）	大学生	.74
色情	Lo & Paddon（2000）	高中生	.78
电视暴力	Scharrer（2002）	成年人	.83
色情	Lee & Tamborini（2005）	大学生	.85
电影中的暴力	Lambe & McLeod（2005）	成年人	.88
黑帮说唱音乐	Lambe & McLeod（2005）	成年人	.99

注：数字越小表明第三人感知越大。

除了暴力或仇恨内容以外，色情内容也能在从亚洲高中生到美国成年人的样本范围中，刺激产生相当规模的第三人感知。对色情内容的最大感知差异出现在"色情视频将女性描述为性对象"这一项的措辞中（Lambe & McLeod，2005，p.281）。尽管在这个调查中，参与者表示这种内容会对他们产生强烈的负面影响，但是研究者没有控制参与者的性别，这就使调查结果的解释变得含混不清。我们可能会期望项目中对女性的强调，可以通过性别引起不同的反应，但是罗哈斯（Rojas），沙阿（Shah）和费伯（Faber）(1996)的研究却显示出另一种情况。在罗（Lo）和帕登（Paddon）(2000)关于在台湾高中生中所感知的色情内容对自我和他人的影响的研究中，尽管这种均质样本明显没有外部效度，但是可以为我们了解关于这种内容的高度第三人感知提供一些洞察。那些青少年认为色情内容将会对他人的性态度、性知识、性行为、道德价值和对异性的态度产生更大的影响——换句话说，能够造成态度和（可能的）行为的伤害。

总而言之，到目前为止关于有害信息的研究结果表明，我们在第二章中讨论的很多作为对驱动第三人感知具有一定解释性价值的机制，确实具有意义。但是在这一点上没有出现特别突出的，也没有什么能够排除的。

广告的感知差异

考虑到公众似乎不信任广告（e.g., Gunther & Mundy, 1993；Gunther & Thorson, 1992），我们可以假定广告作为一个研究话题应该会持续激发强大的第三人感知。毕竟，我们意识到广告的目的就是要说服我们，而且我们的倾向是抵制或否认这种广告会对我们的态度和行为产生影响。然而很明显，广告的确影响他人：他们穿着由著名设计师设计的品牌服装，喝着大加宣传的软饮料。研究表明，在本章中反复出现的一个主题，只是部分支持这个概念：即说服性信息应该会比那些显然不像说服性内容的信息产生更大的感知差异（Hoorens & Ruiter, 1996）。

在广告相关的研究中，学者们对负面政治（或"攻击性"）广告给予了极大的关注（见表3.4）。有趣的是，在成年人的调查中，第三人感知的程度范围从极大的，如感知别人受到的影响是自我受到的影响的两倍（Rucinski & Salmon, 1990），变化到不显著的、十分微弱的程度（Lambe & McLeod, 2005）。人们肯定会注意到，第三人感知的大小随着时间的推移在减小。当1998年10月关于马萨诸塞州囚犯威利·霍顿（Willie Horton）的电视商业广告争议性很突出的时候，鲁钦斯基和萨蒙收集了他们的数据资料。这则攻击美国民主党候选人迈克尔·杜卡基斯（Michael Dukakis）对犯罪活动心慈手软的广告，是由支持美国副总统乔治·布什（George Bush）的政治行动委员会（Political Action Committee）赞助的，并且这个广告被认为是历史上最具负面性的政治广告之一（Schenck-Hamlin, Procter, & Rumsey, 2000）。十年之后，公众很可能已经对类似的——尽管可能不那么恶毒的攻击习以为常了。

或许正是这一特征——广告的说服意图，自动构成了一些广告的不合意内容。甘瑟和索尔森（1992）关于广告与公益广告的研究似乎表明，情况并非如此：因为与绿色和平组织（Greenpeace）、联合黑人大学基金（United Negro College Fund）以及酒后驾驶的公益广告使参与者产生的第一人感知相比，澳洲航空事故、贝蒂·克劳客的蛋糕粉问题以及墨西哥湾漏油事故使他们的参与者产生的第一人感知更大。但是这些对比也同样具有误导性，因为参与者回答的关于广告的问题是他们对进行广告宣传的产品的态度是否会变得更加积极，而回答的关于公益广告的问题则主要聚焦在话题的重要性上（see review in Hoorens & Ruiter, 1996）。除了信息的目的以外，甘瑟和索尔森注意到他们的研究结果中有一个趋势："如果人们认为自我受到情感信息的影响是社会合意性的，那么他们就认为自己完全接受，并再次认为他人则较少如此"（p.592）。

表3.4　广告的第三人感知

信息主题	研究	样本	TPE
澳大利亚一个政党的竞选	Innes & Zeitz（1988）	成年人	.24
负面政治广告	Rucinski & Salmon(1990)	成年人	.53
彩票广告	Youn et al.（2000）	成年人	.55
政治广告	Rucinski & Salmon(1990)	成年人	.60
赌场广告	Youn et al.（2000）	成年人	.60
香烟广告	Borzekowski et al.（1999）	青少年	.61
直接面向消费者的处方药广告	Huh et al.（2004）	成年人	.68
负面政治广告	Salwen & Dupagne（1999）	成年人	.75
政治攻击广告	Paek et al.（2005）	成年人	.92
正面政治广告	Hitchon et al.（1997）	大学生	.94
负面政治广告	Lambe & D.M.McLeod（2005）	成年人	.95
中立政治广告	Hitchon et al.（1997）	大学生	.99
政治攻击广告	Paek et al.（2005）	大学生	1.00
负面政治广告	Hitchon et al.（1997）	大学生	2.94

注：数字越小表明第三人感知越大。

总而言之，有关说服性信息合意性的讨论因缺乏对（研究者的）社会合意性内容的内涵的验证而受到限制。基本上，可能是"感知者对广告的情感评价（affective evaluation）而非广告的客观意图（objective intent）（诸如，产品广告与公益广告）是第三人感知大小和方向更为重要的决定因素"（Duck, Hogg, & Terry, 1998, p.18）。蔡平（Chapin, 1999）的研究发现，少数高危青年对提倡安全性行为的公益广告报告了较大的第三人感知——而非我们可能期待的第一人效果，这似乎支持了这个解释。仅仅检验表3.4中研究的广告，这些集中于从政治攻击广告到香烟广告的负面广告，并不能使我们确定说服本身对自我和他人评价的影响程度。产品同样也很重要（Banning, 2001a）。

着重讨论正面说服的研究发现，要产生第一人效果，光推销社会合意性的信息还远远不够。此外，这些研究还有助于阐明构成合意性信息的其他特性。因此，信息的合意性和非合意性似乎更像有关淫秽内容的古谚语：我们一看到它的时候就知道是怎么回事了。考虑到用来测试第三人效果的信息类型的广泛程度，以及产生结果有些不一致的情况，我们显然不能在研究对象没有确定信息合意性的情况下，依靠对信息合意性的事后（或者甚至先验的）假设来进行实验操作。与其白费力气做重复工作，还不如返回到关于变量的知识体系的研究可能会更有用，这些变量增加了——或者至少影响了——说服的可能性的程度，而这和人们如何解释信息有关。

行为成分

迄今为止，我们已经着重讨论了第三人效果感知差异方面的内容。考虑到第三人效果的行为成分往往按照其与所讨论的信息内容的一致性来进行检验的，所以我们现在暂时转向第三人效果的行为成分。在 20 世纪 90 年代初期，佩洛夫（1993b）注意到行为成分还没有被证实过；多年以后，他指出，"已经严格检验了行为假说"（Perloff, 2002, p.499），但是对行为本身的测量并不令人满意，并且也没有为学者们所假定的（通常）是支持审查的态度及随后声明对媒体某些内容进行限制的意愿确定因果关系的方向。尽管，戴维森（1983）在他最初的表述中提到了这样一个结果，但是行为成分无疑依然是第三人效果最难以捉摸的方面。

到目前为止，所有有关行为的研究都是关于人们是否会表示他们愿意去限制或者审查媒体内容。行为被假定成了基于一种阻止他人接触内容的需要，通常是因为这些内容可能会伤害到他人（McLeod, Detenber, & Eveland, 2001; Rojas et al., 1996; but see also Chia et al., 2004，他们发现对特定个人的影响比对普遍意义的他人的影响更重要）。人们积极地表示他们应该审查"那些他们认为对社会带来'危险'或'反常'的事情，那些他们觉得自己足够聪明或明智而去识别和抵制的事情"（Rojas et al., p.182）。研究者发现行为成分混杂，随着与感知假设关系的不同而不同，是否对规范和监管媒介感兴趣是由自我或他人所受到的影响以及所讨论的媒介内容决定的。那些测量有计划的行为的研究，诸如防范可能发生的灾难，同样产生了复杂的结果（Atwood, 1994; Tewksbury, Moy, & Weis, 2004）。

如果我们只是检验第三人感知差异，那么行为成分看起来就令人迷惑。第三人感知的大小强烈地、积极地影响着人们审查电视内容（Gunther & Hwa, 1996; Rojas et al., 1996），暴力说唱音乐的歌词（McLeod, Eveland, & Nathanson, 1997），以及色情内容（Lee & Tamborini, 2005; Rojas et al., 1992; Wu & Koo, 2001）的意愿。但是，第三人感知的大小与支持规范直面消费者的处方药广告（Huh, DeLorme, & Reid, 2004），关于聋人听闻的审判的新闻报道（Salwen & Driscoll, 1997），或有关恐怖主义的新闻（Haridakis & Rubin, 2005）的意愿却关系不大。戈兰（Golan）、班宁（Banning）和伦迪（Lundy）（2005）注意到第三人感知与投票行为之间的关系。怀特（White, 2001）发现，第三人感知充当了对先前存在的预期行为提供限制的管理者角色，而不是作为行为的刺激，即如果没有这个刺激，行为就不会发生。

如果自我—他人差异没有为我们了解行为成分提供一些洞察的话，那么将自我和他人所受到的影响分开，似乎只能帮助我们对此稍作了解。对自我所受影响的感知正向预测了对限制的支持，至少在色情内容的案例中是这样的（Chia et al.2004; Gunther & Hwa, 1996; Lee & Tamborini, 2005; Lo & Paddon, 2000, 2001）。然而，这些研究发生在亚洲国家，主要的调查对象都和高中生一样年轻，可能不太会有色情方面的经验。在环境新闻的研究中，对自我的影响与行为反应呈正相关，尽管那项研究的作者注意到，所讨论的话题对他们的被试者来说具有较低的显著性（Jensen & Hurley, 2005）。另一方面，一项研究发现，对他人所受影响的评价最能预测对日常政治新闻和广告进行限制的意愿（Salwen, 1998），并且，在另一项对宣传赌博的广告进行的研究中也发现，对他人的影响与限制这种广告呈现正相关（Youn, Faber, & Shah, 2000）。其他研究也发现，对自我和他人的评价在预测对审查的支持方面同样重要（McLeod et al.，2001）。

根据所讨论的媒体内容，将各种各样的个人特征作为审查的意愿进行操作化时，他们都与行为成分有关。其中几个特征在一些研究中除了与第三人效果显著相关外，还与支持媒体权利显著相关（see review in Andsager, Wyatt, & Martin, 2004）。换句话说，一个不同于自我—他人比较的概念可能成为行为成分的基础或者对行为成分有所贡献。和对表达权宽容或支持的研究没有引起第三人效果很像，家长式统治正向预测了审查的意愿（McLeod et al., 2001），还有保守主义（McLeod et al., 1997; Rojas, et al., 1996）、对信源的不信任、感知的信息的负面影响（Huh et al., 2004）也一样。同样地，谢（Chia）等人（2004）发现，由于台湾政客的性生活被视频光盘曝光（以及被杂志发布），对此，人们所感知的对政客产生的危害与人们限制这种发行的意愿呈正相关。像关于宽容的研究，教育则与限制媒体内容的意愿呈负相关（Salwen, 1998; Salwen & Driscoll, 1997），但是其他的人口统计学特征都与限制媒体内容的意愿不相关（Huh et al., 2004; Rojas et al., 1996）。

要求受试者回答关于负面影响或模糊感知的危害方面的问题，可能不能完全捕捉到受试者希望控制冒犯性、可耻的或不得体内容的背后的原因。在一项研究中发现，自我所感知的猥亵是决定行为成分的引爆点，这表明人们可能认为"如果我被冒犯了，那么这肯定是特别不合意的内容"（Andsager et al., 2005, p.16）。当然，这并不意味着他们没有考虑到别人会如何应对。

假定影响的影响

所感知的对自我、他人以及第三人感知的效果的不一致，导致很多学者认为对他人所受影响的评价是源自基于媒体信息的推测，而不是真正的知识或对这个群体的熟悉（Gunther & Storey, 2003）。更确切地说，"人们感知传播对他人的一些影响（假定影响）导致他们改变了自己的态度或行为（假定影响的影响）"（Gunther & Storey, p.199）。这种"假定影响的影响"表明，对某个群体——或者是某个话题——缺乏直接经验，导致了对他人受到信息影响的猜测，从而很难确定到底是第三人差异还是综合体（自我或他人）的一个元素所受到的影响，应该与行为成分有关。

假定影响的影响最近经常和第三人效果一起频繁出现在相关研究文献中（see, for example, Gentles & Harrison, 2006; Tsfati & Cohen, 2003; Tsfati, Ribak, & Cohen, 2005）。尽管研究才刚刚开始检验假定影响的影响，但是和第三人效果相比，它的优势首先在于特别关注行为及其基本原理。其次，它要求对所感知的对自我和他人的影响进行单独分析，而不仅仅是分析感知差异的分值。无论假定影响的影响将会补充还是取代第三人效果——或者更可能的是解释它的行为成分，这些仍然有待观察。

其他行为意图

除了支持限制以外，其他关于行为成分的研究也产生了很多有趣的研究结果，充分表明第三人效果确实影响人们的行为，尽管不一定是在社会层面上。例如，那些认为自己的孩子不会受到特定描述的叛逆行为——喝酒、抽烟、说脏话、性活跃以及诸如此类电视节目的影响的以色列家长，不会担心限制他们的孩子观看这种节目（Tsfati et al., 2005）。然而，那些认为别人家的孩子受到这种节目影响的家长，则会试图去限制他们自己的孩子与那些孩子在一起的时间，认为那些孩子可能会带来坏的影响。这项研究强调了同伴交往在假定的媒介影响中作为一个调节变量的重要性，再一次表明媒介效果模式并没有完全解释清楚第三人感知为什么会发生。

表 3.5 正面说服信息的第一人感知

信息话题	研究	样本	TPE
安全日光浴的广告	Gunther & Mundy(1993)	大学生	.67
公益广告	Gunther & Thorson(1992)	大学生	.91
安全带的安全性的广告	Gunther & Mundy(1993)	大学生	1.05
澳洲航空公司（高情感）	Gunther & Thorson(1992)	大学生	1.21
安全日光浴的新闻报道	Gunther & Mundy(1993)	大学生	1.24
器官捐献的公益广告	White & Dillon(2000)	大学生	1.27
安全带的安全性（新闻报道）	Gunther & Mundy(1993)	大学生	1.28

注：数字越小表明第三人感知越大。大于1.00的数字表明第一人感知。

以色列的研究发现与霍夫纳（Hoffner）和布坎南（Buchanan）（2002）的研究发现相矛盾，霍夫纳和布坎南发现，在一个小样本的美国家长的调查中，这些家长更有可能说他们支持审查以及对他们孩子观看暴力节目进行干预。不管这是一个跨文化的产物还是一种特定暴力行为（而不是斯法蒂［Tsfati］等人［2005］所问的一般反社会行为），美国家长同样预期，观看了攻击性节目的其他孩子要比他们自己的孩子受到更大的影响。这两项关于家长的研究结果可能利用了自我强化动机，这可能会导致其他结果而非第三人效果。

行为成分的动机

除了确定对审查的态度以及通过行为成分测量的其他行为是否会转化成实际行为的问题以外，还有一点很明显，那就是研究者也不清楚行为成分为什么会在我们的研究中出现得如此频繁。行为成分的一个很重要但是却被忽视的方面是"信念，诸如补救行动的功效以及人的执行能力"（Neuwirth & Frederick，2002，p.134）。功效在说服尝试取得成功的过程中是一个非常重要的变量，正因如此，所以那些只能刺激态度变化而不能带来行为变化的说服宣传活动几乎不可避免地失败了（Atkin，2001）。而且，如果媒体信息意在产生一种诸如提倡审查的行为，那么第三人效果及其行为成分如何与我们传统的说服的概念化相区分呢？

或许，当罗和帕登（2000）询问关于色情内容的审查时，关于我们相对缺乏对行为成分的理解这一难题，他们的总结是最好的：

> 人们害怕成为暴力或犯罪性行为的受害者吗？他们害怕失去自我控制吗？他们从参与色情信息的制作和发行的犯罪分子那儿感知到社会危害了吗？他们会担心那些给色情制片人摆造型和做模特的人的健康吗？（p.87）

总　结

媒介信息影响着人们对他或她以及他人受到这些信息影响的感知，或者通过一些组合因素影响着感知差异的大小。尽管，我们预期社会非合意的信息会产生第三人效果，而社会合意的信息产生第一人效果，但是证据不完全支持这个假设。这种明显不一致的原因之一是模糊的非合意性的定义。例如，"虽然一个内容类型可能被判定为具有很大的影响，但是这种感知的影响不会自动暗示一种'有害'的影响"（Rucinski & Salmon，1990，p.363）。哪一个是人们所考虑的——内容还是后续的影响？

本章着重讨论了信息内容本身，当然，信息通常是从特定的信源发出的。第四章，我们将检验信源似乎对第三人效果产生影响的程度。

第四章
信源与渠道变量

媒体消费者似乎本身就倾向于认为新闻媒体有偏向，不管它是否存在。例如，在总统竞选期间，共和党人总是认为新闻媒体偏向自由主义，而阅读同样报纸的民主党人则往往表示报道更有利于共和党候选人。这种现象就是众所周知的选择性感知（selective perception）。戴维森（1983）注意到了我们认为媒体对我们这边的话题或活动抱有偏见这一倾向的作用，并解释说，一个"平衡的媒体陈述需要向话题'正确'的一面急剧倾斜"，这可以使我们假定，即使是"意志薄弱的第三人"也能设法形成对话题的正确认识（p.11）。

在我们之前讨论的新闻内容的研究中，选择性感知显然在人们对第三人感知的评价中发挥了很大作用。在佩洛夫（1989）关于对新闻媒体偏见的影响的感知的实验中，实验成员诸如犹太人和巴勒斯坦人参与者的反应模式，与民主党人和共和党人收看攻击他们1988年总统候选人的政治广告时（Cohen & Davis，1991）的反应模式类似。因此，自我卷入（self-involvement）似乎使人们对信息或陈述中的细微差别变得敏感。例如，一篇关于负面政治广告研究的文献综述中总结道，"实际上，提及任何不利于对手的事情似乎都会引发负面的指控——不管所提及事情的具体可信度如何"（Richardson，2001，p.796）。这样一种现象会比整个信息本身重要，并且被评价的（如果真的发生任何评价）有可能是信源而不是人们引用的具体信息。无疑，公众通常选择支撑他们观点而非挑战他们观点的信源，因为提倡组织成员观点的信源很少包含挑战这些观点的信息（Mutz & Martin，2001）。但是，信源的哪些特征会帮助我们确定哪些信源会执行这样一项功能呢？

说服文献里的线索比比皆是。如果个人信源特别具有说服力，那么这些信源必须拥有一致的特征，包括可信度、相似度和吸引力（Perloff，1993a）。可信度也是个人新闻媒体的一个组成部分（Gaziano & McGrath，1986；Kiousis，2001），尽管它不一定与使用的频率联系起来（Rimmer & Weaver，1987）。[①] 但问题是，和对信息本身的评价很像，对信源的评价也取决于接收者。那些认为福克斯（FOX）的主持人比尔·奥雷利（Bill O'Reilly）是一个可信的或值得信赖的信源的人，不太可能认为美国有线电视新闻网（CNN）的主持人安德森·库珀（Anderson Cooper）是一个可信的或值得信赖的信源，反之亦然。此外，信源的显著性程度并非始终如一，而是取决于信息的内容。

受众也会注意到信源吗？最近的一个实验支持了这个观点，即信源至少在两个方面对于受众来说确实具有显著性。第一，注意到署名记者——同一篇新闻报道如果署名是"记者"要比署名是"学生"更有可能在成员中激起对立的有偏见的评价（Gunther & Liebhart，2005）。第二，报道所接触到的受众规模（例如《今日美国》与大学课堂）也和所感知的对话题每一方成员抱有的偏见呈正相关（Gunther & Liebhart）。因此，很像信息的社会合意性（或非合意性），我们对信源的评价值得关注，影响自我和他人的那些信源的内涵因素也同样值得关注。

然而，在转向信源之前，值得注意的是，所感知的新闻偏见激起的人们对对手受到影响的担心，和政治攻击广告所引起的人们对对手受到影响的担心是一样的，这就更明显了。这可能就为第三人感知潜在的自我强化动机的向下比较方面提供了最有力的支持。这就表明我们相信自己能够观察到偏见，然而我们的对手不能。此外，在这两个案例中的研究结果表明，我们认为我们准确地理解了信息，但是我们会自动地假设他人不能准确地理解这个信息，也许是由于他们信息加工能力的水平较低或者因为他们不愿思考信息内容。这就表明，通过比较，我们认为我们自己是在系统地加工信息，因为我们知道我们已经对这个信息进行了正确的分析。

然而，除了信息本身以外，还在于那个信息的信源的影响——若有的话。一个信源可能是一篇新闻报道中引用的一个人，也可能是写这篇报道的记者或专栏作家，或者报纸本身。本章中，我们也会讨论拉斯韦尔（Lasswell）（1948）

---

① 正如第二章所讨论的，接触内容通常是与对自我的影响以及对第三人感知大小的影响呈正相关。

经典传播模式的渠道部分。尽管一种特定的媒介——印刷、电视、网络、广播等诸如此类——本身并不是信源，但是很多研究已经对提供相同的内容的多种渠道进行了检验。在这些渠道范围内，不同的立场也可能被视为不同的信源。例如，福克斯新闻频道（FOX News）和美国有线电视新闻网（CNN），尽管它们都是24小时有线电视频道，但是在很多看法和新闻观点上都存在着明显不同（Journalism.org，2005）。当我们分析的第三人效果研究把电视作为一种含有新闻偏见或暴力内容的站点包含其中时，并没有具体指定是哪家广播电视网，所以我们也就不可能知道研究参与者在对这个项目进行作答的时候，会想起哪些具体的节目或广播电视网。有一些研究指定了出版物，因为一篇文章的信源被作为刺激的一部分来进行操作。现在，我们将转向信源操作变量。

可信度

可信度是媒介传播研究中最古老的概念之一，可以追溯到20世纪50年代霍夫兰（Hovland）的著作（Hovland，Weiss，1951）。在媒介相关的研究中，可信度通常被认为是由12个方面组成的，由加齐亚诺（Gaziano）和麦格拉斯（McGrath）（1986）经典的报纸公信力研究所定义：准确、无偏见、关注社会福利、关注公共利益、真实性、公平、记者培训水平、尊重隐私、事实与观点分离、报道完整、信誉以及监督公共利益。后续的研究通常是对这些可信度变量进行各种排列组合。佩洛夫（2003）将可信度的维度总结为专业性、诚信度和信誉，所有这些都与感知的可信度呈正相关。

人们可能会将可信度归因于一位发言人或记者，又或者一个指定的出版物或广播电视网。在关于第三人效果的研究中，对可信度的分析往往集中于后者。这些研究通常会对出版物的名称进行操作（例如，《华尔街日报》与《人物》）而非和信息相关的署名或发言人。一个相关的实验将耸人听闻的、无伤大雅的、模糊不清的新闻报道分别归于声誉好的信源（《纽约时报》）、声名狼藉的信源（《星报》）以及来源不明（一个虚构的报纸）。研究结果发现，参与者对于新闻报道的评价主要是基于新闻报道本身，而不是基于它们据称出自的报纸（Austin

& Dong，1994）。奥斯汀（Austin）和董（Dong）虽然没有测试参与者对他人受到这些新闻报道影响的评价，但是当我们综述第三人效果文献的时候，他们的研究结果值得记住。

另一方面，似乎有时候出版物本身就是一个充分的启发式，能够引起对自我及他人所受影响的判断。在一个实验中，参与者被告知他们所阅读的诽谤性的报道刊登在《国家询问报》上，这是一份臭名昭著的八卦小报，而在另一个情况下，与他们相对应的参与者则相信这篇诽谤性报道是刊登在《纽约时报》上的（Gunther，1991）。那些认为这篇报道是属于《国家询问报》的人，预期在他们自己与同校其他大学生之间存在较大的感知差异，他们认为这个八卦小报对他们同学的影响更大。对于那些认为这篇报道是出自精英报纸[①]《纽约时报》的人来说（见表4.1），第三人感知是轻微但却显著的。重要的是，甘瑟发现参与者几乎没有报告他们自己受到《国家询问报》的影响，但是他们的对应参与者却表示在《纽约时报》上刊登的同样一篇报道对他们自己的影响很大。这是一群正在学习传播学入门课程的大学生，对于他们而言，不同出版物之间的可信度差异有可能很显著。因此，甘瑟的研究强有力地表明，像出版物名称一样简单的事情，都足以成为可信度的指标。

表 4.1 信源的第三人感知

信源	研究	TPE
《国家询问报》中的诽谤	Gunther (1991)	.14
偏负面新闻中的诽谤（法官）	Cohen et al. (1988)*	.26
偏正面新闻中的诽谤（法官）	Cohen et al. (1988)	.63
《纽约时报》中的诽谤	Gunther (1991)	.66
来自不知名报纸的诽谤（法官）	Cohen et al. (1988)	.90
中立报纸报道（法官）	Cohen et al. (1988)	3.92

注：数字越小表明第三人感知越大。大于1.00的数字表明第一人感知。

*科恩（Cohen）等人采用了两篇报道，一篇报道是关于州最高法院法官的，另一篇是关于斯坦福大学的足球教练的。两篇报道的研究结果都产生了大致相同的模式，但是，我们应该注意到，关于法官的这篇报道产生的影响要比关于教练的报道产生的影响稍微大一些。

---

① 如在第三章中，参与者对他们自己所受影响的评价与他们对别人所受影响的评价相除产生了一个感知比例，以致表4.1和表4.2 TPE这一栏中显示的比例与第三人感知成反比关系。

为什么甘瑟（1991）的研究发现与奥斯汀和董（1994）的研究发现之间似乎存在分歧？甘瑟的研究只检验了一篇报道，这篇报道中包含了对当地警长曲解事实的指控，这个警长可能为一些人所熟知，研究发现在两份著名的（或臭名昭著的，如在《国家询问报》的案例中①）报纸中具有明显的差别。奥斯汀和董的研究对比了诸如 UFO 以及政治性的报道话题，大学生应该能够从逻辑上对这些报道的可信度进行评价，而不用考虑这些报道所归属的出版物。因此，当一则报道本身具有合理性时——例如在甘瑟的研究中刺激源中的警长，那么参与者就会利用不同出版物的声誉作为启发式；当一些报道在可信度方面截然不同，而且西北部的高校学生对这些报道是归属于稳重的《纽约时报》、浮夸的《星报》或一个虚构的东南部报纸并不清楚时，这些报道的话题本身就充当了可信度分配的基础。这似乎支持了归因理论的基本理念，那就是即使很小的线索也能够激发人们以完全不同的方式来评价他们和其他人的行为——具有显著差异的不同加工策略。事实上，正如甘瑟引用他研究中的一位参与者的话："很多人对他们所读的东西深信不疑。他们按字面意思理解而不考虑它的信源"（p.369）。大学生的评论体现了基本归因错误，也体现了可信度似乎在激发启发式或系统加工中发挥的核心作用。

表 4.2　媒体的第三人感知

媒体	研究	主题	TPE
电视	Brosius & Engel (1996)	商业广告	.63
电视	Salwen (1998)	政治竞选新闻	.69
报纸	Salwen (1998)	政治竞选新闻	.69
广播	Salwen (1998)	政治竞选新闻	.71
广播	Brosius & Engel (1996)	音乐节目	.75
电视	Brosius & Engel (1996)	新闻	.92

注：数字越小表明第三人感知越大。

在一个关于潜在陪审员（如大学生参与者所设想的）受到诽谤信息的"现实世界"影响的早期研究中，出现了进一步但不那么戏剧性的证据。当"陪审

---

① 即使是1998年学习传播学入门课程的大学生很可能也会将《国家询问报》与喜剧演员卡罗尔·伯内特（Carol Burnett）指控小报诽谤的成功案件联系起来（Burnett v. National Enquirer, Inc., 1983）。

员"认为一份报纸对一个公众人物存在偏见时所引起的第三人感知，要比同样的诽谤报道出现在他们认为是在偏袒这个公众人物的报纸上时引起的第三人感知更大，并且当人们推测一份出版物对个人存在偏见时，这种感知差异会更大（Cohen，Mutz，Price，& Gunther，1998）。梅森（1995）在一组更多样化的非大学生参与者中发现了类似的模式，这些参与者认为，发表诽谤性言论的出版物要比人际传播对他人带来的伤害更大。

个人信源

新闻报道中所包含的信源可以是引用的个人或者报道上署名的记者或专栏作家，也可以是出版物本身。研究表明，尽管报道中所引用信源的可信度似乎对第三人感知并没有产生有害的影响，但是它似乎与第一人感知呈正相关（Andsager & White，2001）。此外，信源的可信度本身是信息有效性的预测，并且可能由此增加了信息的合意性（Andsager & White，2004）。萨文（1992）发现，一个信源的信誉与这个信源的可信度密切相关，按照第三人感知的说法，这表明人们认为受到主张自身最佳利益的信源的影响会更加明智。因此，无论是一个特定的被引用的人、一名记者，还是出版物，他们的可信度应该在判断信息的社会合意性以及随后评价自我—他人时具有重要作用。

信息接收者使用很多信源的特征来评价这个信源的专业性。因为社会习惯于从白人男性精英的信源那里获取关于政治和传媒领域的信息和观点，所以一个白人男性的信源更加符合受众的期望，因此也就天生具有一种可信度（Domke，Lagos，LaPointe，Meade，& Xenos，1999）。大多数情况下，信源最显而易见的特点是信源的性别，这些是通过一个名字、一个代词、署名或者视觉信息中的形象来确定的。自1980年以来的研究（刚好在美国第二次女权主义浪潮过后）通常会发现，信源的性别本身在决定可信度方面不再是一个主要因素（Andsager，1990；Andsager & Mastin，2003；Burkhart & Sigelman，1990；White & Andsager，1991）。种族或民族可能成为一个线索，也可能不会（Andsager & Mastin）。

尽管第三章里关于负面政治广告方面的研究综述很多，但是很少有研究关注这些广告中的候选人或其他信源。党派关系是主要被考虑的信源变量。正如我们所知，只有一个公开出版的研究将候选人的性别与第三人效果结合起来进行检验。希彻恩（Hitchon）、张（Chang）和哈里斯（Harris）（1997）研究发现，令人惊讶的是，参与者认为在政治广告中被用来作为刺激源的女性候选人要比男性候选人具有更为显著的影响力。我们之所以认为这一结果令人吃惊，是因为在这么多已有的研究中，性别很少与可信度相关（当然，希彻恩和她的同事并非研究可信度本身）。更有趣的是，事实上在第三人感知方面，候选人的性别在感知自我所受影响方面导致的差异，要比其在对有社会距离的他人所受影响的评价方面导致的差异更大。尽管，对于男性和女性候选人，自我都感知到他人受到的影响更多，但是在女性候选人的情况下，自我和他人之间的差异缩小了。很可能这就是社会合意性的产物或天花板效应（ceiling effects），但是自我内部的差异同样指出，在第三人感知研究中检验信源时，不止需要研究性别。

职位名称、高等学位和人事关系都可能在确定专业性方面作为启发式（Salwen, 1992; Shoemaker & Reese, 1996）。例如，在一篇新闻报道中引用的科学家几乎会被自动认为具有关于干细胞研究方面的专业知识，但是一个在大街上的路人则不会被这么认为。人事关系有可能会暗示潜在的报告偏见，这发生在信源部分，而不是报纸方面（Perloff, 1993a）。一个干细胞研究的支持者可能会忽视同一篇报道中梵蒂冈发言人接受采访时所表达的观点，因为其观点被认为是片面的。

然而，一个实验表明，信源的标题不像我们想象的那样可预测。大学生参与者阅读一篇关于拥有成功幸福生活的文章，里面所有引用的直接引语都属于同一个信源，一个虚构的心理学家（"理查德·查茨沃斯博士（Dr.Richard Chatsworth），著名的心理学专家"）或者电影演员马特·达蒙（Matt Damon）（White & Andsager, 2005）。参与者对两个信源的影响力进行了评价，认为两个信源对他们同龄的"他人"的影响力要比对他们自己的影响力更大。尽管结果有些出乎意料，但是他们认为演员要比心理学专家的影响力更大——对自我的影响稍微大些，但是对他人的影响更显著。这表明或许有两种因素在发挥作用。第一种，所感知的外表吸引力可能提升了电影演员马特·达蒙在一些参与者心中的地位。第二种，参与者预期马特·达蒙会对他人产生更大的影响的研究结果支持了归因理论的概念，即他人会使用与自我不同的、不太聪明的标准来评价信源。无论哪种方式，参与者似乎在他们对信源的评价中采取的是系统加工。人们通常采用启发式线索来确定信源的可信度水平，如果信源能够满足人们的需求，那么他们就对信息进行系统加工（Chaiken & Maheswaran, 1994）。并且，当涉及关于成功人生的话题时，一个富有的电影明星对一些人来说就可能享有极高的可信度。

说服性信源的其他特点

当谈及说服性信息时，可信度仍然是纳入第三人或第一人评价中的因素，但是除了出版物的标题或话题外的变量，以及被操作的说服的"结果"，都产生了很多有趣的研究结果。首先，对于器官捐赠这种明显具有社会合意性的行为，研究参与者评价发言人对自我的影响要比对他人的更大，而产品的质量都无关紧要（White & Dillon, 2000）。更具体地说，信息质量的评价已经与专业信源而不是被认为是有偏见的信源的可信度判断呈正相关，这表明质量对于评价专业性来说是一种启发式（Slater & Rouner, 1996）。这两个实验似乎都反映了研究结果与信源和主题相关——当一个信息几乎对每个人都具有吸引力时，那么它的质量就不是问题，但是当信息或信源不是很清楚的时候，受众就会诉诸其他更微妙的启发式，诸如写作质量或产品费用。我们认为，评价信息进行到后者的程度表明了少许系统加工。由此，关于启发式与系统加工的主题再次出现。

学者们也用一种令人兴奋的方式改变了启发式加工的概念，即通过受众来减少对这种加工的需求。对于那些已被告知公益广告成功说服其他人的参与者来说，他们评价发言人的影响（信源）以及产品质量的影响（渠道）的均值，明显高于那些被告知公益广告不成功的参与者的均值（White & Dillon, 2000）。类似地，有关说服性信息对他人有所谓的影响力的可靠消息，减少了参与者"瞎猜"他人将会作何反应的欲望，似乎降低了参与者所感知的整体影响力，但是对感知差异的大小没有任何影响（Paek, Pan, Sun, Abisaid, & Houden, 2005）。这两个研究证实了这样的想法，即在对他人所受影响进行评价时，可信度与实际效果的证据可以互换。这个潜在的公式也表明了当要求人们去考虑那些内容可能会触及的受众中的"他人"时，他们所希望接触到的程度（或他们愿意忽略什么）。

媒　体

不同的媒体引起了受众不同程度的卷入，并且他们在普遍性方面具有本质上的不同。普通成年人每天会花超过 4 个小时的时间收看电视（Media InfoCenter, 2005a），以及 2.5 到 3 个小时收听广播（Media InfoCenter, 2005b）。至少 68.4% 的美国家庭都接入了互联网（Media InfoCenter, 2006b）。相比之下，2005 年只有略微超过一半的美国成年人每天阅读报纸（Media InfoCenter, 2006a）。研究同样表明，尽管感知的可信度取决于预期用途（Rimmer & Weaver, 1987），但是受众认为不同的媒体具有不同的可信度水平，报纸通常是最可信的媒体（Kiousis, 2001）。这些统计数据可能表明，我们接近和评价媒体的不同随后会影响到我们对自我和他人受到媒体影响的预期。虽然如此，但是一个对 1998 年所进行的第三人效果研究的元分析发现，不同媒体之间感知差异的大小没有差别（Paul, Salwen, & Dupagne, 2000）。或许这是因为事实上没有人会只接触一种媒体；相反，我们经常从互联网、报纸、电视和广播中获取关于一个特定事件的新闻信息。因此很难确定一个渠道的影响在哪里结束，另一个又从哪里开始。

但是，仍有一些将媒体纳入作为第三人感知的一种因素的研究，值得我们注意。阿特伍德（Atwood, 1994）关于生活在新马德里断层附近的密苏里州居民的调查，检验了参与者关于地震预测的第一人和第三人感知。应该注意的是，大约三分之二的参与者预期地震预测会对自我和他人产生同样的影响。这项研究的重要意义是它对各种媒体——电视、报纸和广播的感知的分析。阿特伍德发现，电视关于预测的新闻报道最有可能产生第一人效果，或许是因为观众可以看到地震预测仪器正在运转并且听到科学家的解释。相反地，广播关于预测的新闻报道导致第三人感知的可能性稍微大一些。当阿特伍德更深入地探究新闻报道的特点时，他发现报纸报道的可信度与第三人感知呈负相关，这正如我们所预期的，是基于这样的观点，即人们将更有可能承认他们自己受到一个可靠的信源的影响。经过一段时间以后，关于预测报道的电视新闻的可信度出现一种可感知的下降，这使得最初的第一人感知减少，并且可信度与广播新闻不相关。

此外，这项分析以其他方式表明了不同媒体间的明显区别，使阿特伍德（1994）得出这样的结论："尽管电视和广播给对人们安全造成的威胁增加了戏剧性色彩，但是印刷媒体激发了人的行为"（p.278），这就不奇怪了。（在研究中，一个关于地震准备工作的问题充当了一种行为成分，但是它与报纸呈弱相关。）卷入的不同可能与系统加工有关，例如报纸需要受众更高水平的认知活动（Singer，1980）。正如萨文（1998）指出，"阅读报纸——一个有关公共事务新闻的媒体——让人们有信心评价他们自己比其他人更聪明"（p.276；see also Rucinski & Salmon，1990）。

后续研究是关于一个更现实的话题——1996年总统选举的新闻，发现与阿特伍德（1994）的研究相反，分别与电视和报纸相比，广播有点不太可能产生第三人感知（Salwen，1998）。不管广播的内容是无伤大雅的音乐节目（Brosius & Engel，1996）还是总统竞选的新闻（Salwen），都产生了非常相似的第三人感知。适当地接触广播内容导致自我和他人之间的差异很小，但是对于那些很少收听或者经常收听广播的人来说，广播则导致了更大的自我—他人的感知差异（Innes & Zeitz，1998）。我们将这些研究发现与第二章所讨论的接触新闻内容和第三人感知大小之间的负相关关系进行比较。虽然必须指出的是，这四项广播研究是在三个国家（美国、德国和澳大利亚）中进行的，这些国家的广播类型可能不同，但是不一致的研究结果表明，广播可能充其量不过是与信息相互作用来影响第三人感知的。

布罗修斯和恩格尔（1996）关于德国成年人的调查与萨文（1998）关于美国成年人的调查形成了有趣的对比，通过对比发现，电视产生的感知差异比报纸和广播产生的更大。在布罗修斯和恩格尔的研究中，电视新闻引起了最小的第三人感知，但是电视广告产生了更高的差异，并且政治竞选新闻更接近于电视广告的情况。在澳大利亚的研究中，电视的重度收看者只产生了轻微的自我—他人差异，在收看时间和第三人感知之间呈现单调的负相关（Innes & Zeitz，1988）。此外，与广播很像，接触电视的时长——显然不仅是媒体本身的属性——

影响了我们对自我和他人所受影响的评价。为了第三人感知能够持续发生，我们似乎有必要指定接触某种类型的信息内容。

仅在渠道方面，检验谢、卢和麦克劳德（2004）的研究具有指导性意义。一家杂志社通过视频光盘发布了一个通过隐藏摄像机拍摄的色情视频，被卷入其中的政治家对此毫不知情。谢等人的调查询问了参与者是否会支持台湾当局限制视频在三种媒体——杂志、互联网以及"任何交易"①中发行的权利（p.122）。尽管没有报告人们希望实施管理的平均意愿水平，但是支持对不同媒体渠道进行管理的理由是不同的，其中，感知反社会的本质和对政治家本人的伤害与政府没收杂志的视频光盘以及禁止任何交易呈正相关，然而这些变量与互联网不相关。相反地，对自我所受影响的感知强烈地、积极地预测了对互联网播放性爱录像的制止，但是对杂志的视频光盘却没有预测。

那么，可获得性或易接近性似乎成了人们感知影响的一个因素；事实上，在谢等人（2004）的研究中，参与者认为，如果他们预期视频会影响到他们自己，那么他们会更愿意审查那些致使视频广泛传播（以及可能提供免费观看）的渠道，这一事实表明他们可能更会受到诱惑去观看视频。如果没有任何证据，诸如扔在一旁的视频光盘或杂志，能够证明他们看了一些自认为是色情的东西，那么这种诱惑可能就更加无法抗拒了。

最后，亚洲和欧洲的参与者被问及接触美国媒体会对他们自己的文化价值产生的影响时，他们因接触媒体的不同而回答各异（Willnat, He, Takeshita & López-Escobar, 2002）。只有那些阅读了美国杂志的人相信他们自己受到了媒体的影响，而那些听了美国音乐和广播的人则预期别人受到了更大的影响。有趣的是，那些消费了很多美国媒体尤其是电影和杂志的国际参与者，在文化价值方面感知到较小的第三人效果，大多是因为他们预期媒体对他人的影响比较低的缘故。（维纳特［Willnat］等人在美国媒体暴力内容的影响研究中发现了相似的研究结果——接触得越多，感知差异越小。）这个研究将他人定义为在参与者自己国家中的其他人。因为参与者是大学生，他们非常可能把在他们国家中的他人假定为比自己年长的人。如果是这样，那些他人接触美国音乐的可

---

① 对于这三种行为成分测量的措辞是"没收杂志所有光盘库存，禁止关于光盘的任何交易，以及禁止在个人网页上安装光盘内容"（Chia et al., 2004, p.119）。

能性会更低，这个研究结果与拉姆和麦克劳德（2005）的研究结果非常相似，拉姆和麦克劳德在他们的研究中发现，在预测第三人感知方面，对接触的评价要比内容的合意性更重要。

媒体和加工

当然，关于第三人效果的研究没有为信息的渠道如何影响其对自我和他人所感知的影响提供洞见。我们暂时把目光转向另一个复杂的研究领域，这有助于我们理解为什么这些研究结果看似如此矛盾。关于各种媒体的独特属性在信息加工过程中发挥的作用的研究很多，特别是在政治传播领域（see review in Graber, 2001）。尽管，传统观念将印刷媒体放在了认知加工连续体的顶部（Kosicki & McLeod, 1990; Singer, 1980），但是一些证据表明，电视提供了自己的加工挑战："考虑到电视新闻报道简短、迅速以及碎片化的本质，观众必须投入更多的脑力活动将情节片段拼凑成一个有意义的整体"（Guo & Moy, 1998, p.40）。广播新闻甚至广播谈话类节目同样可以这么说。换句话说，可以得出这样一种观点，即如果我们要从媒体中收集信息，那么每个媒体都包含需要系统加工的特性，但是每个媒体也同样需要启发式加工。

为什么关于第三人效果的渠道研究没有能够就感知差异的方向或大小给出令人满意的解释或者预测？这些矛盾的研究结果可能是一个主要原因。与其测量媒体，我们倒不如记录下人们接触内容的水平，了解他们认识加工的程度，以此来确定他们将如何评价信息的影响。

总 结

关于第三人感知是如何发挥作用的，有关信源变量的研究为我们提供了一些信息，但为数不多。可信度与自我所受影响之间呈现的频繁的、正相关关系支持了自我强化动机，正如人们留意诸如新闻报道是出自信誉良好的媒体还是刊登丑闻的报刊这些线索来评价他人是否会受到影响的研究结果一样。此外，两种趋势都表明，人们可能认为他们自己对信息加工的程度要比他人更高一些。（然而，我们应该注意，这种关系有时会被接收者的特征削弱。）从信息变量进行推断，如果个人的专业性和自我卷入反映出系统加工对自我产生的影响，那么感知的可信度与自我影响程度相关也就不足为奇了。毕竟，如果一个人本身就拥有很多关于某个主题的专业知识，那么谁还能比他自己更好地判断信源的专业性呢？

尽管，关于渠道变量的研究没有产生明确的结论，但是在本章中所回顾的研究表明，关于渠道属性的一些东西在人们对影响进行评价时具有一定的影响力。考虑到我们所讨论的第三人效果研究到这里为止似乎指向了自我强化、自我卷入的问题，以及进行信息加工所付出的努力问题，由此，我们发现，在第三人效果文献和传播学研究的另一个分支——说服的文献之间，有许多相似之处。

第五章
作为说服的第一人效果

如果人们倾向于认为负面媒体的内容会影响别人而非自己,那么由这个基本假设自然得出的推论就是它的对立面,即我们倾向于认为正面媒体内容对自己的影响比他人更多。后者的概念又是第一人效果。毕竟,如果一个积极的自我形象能够通过相信他人容易受到弱论证、负面媒体形式以及非合意的信息的影响得到维护的话,那么,一个积极的自我形象也同样能够通过相信自己受到完全相反的内容的影响更多而得到维护。因此,通常在社会认为是积极的信息,诸如鼓励交通安全和犯罪预防(Hoorens & Ruiter, 1996)或劝阻吸烟(Chock & Lee, 2005)中发现第一人感知。

尽管我们之前已经谈到了第一人效果,但是现在对这个概念进行进一步的解释尤为重要。学者们倾向于认同第一人效果是以下断言的结果,即自我强化的欲望(Alicke et al., 1995;Brown, 1986)解释了第三人感知(Duck & Mullin, 1995;Duck, Terry, & Hogg, 1995;Gunther & Thorson, 1992;Hoorens & Ruiter, 1996)。自我强化动机需要通过社会比较来进行操作。根据阿利克(Alicke)等人(1995)的说法:

社会比较必须包括三个基本要素:自我评价或自我保护的动机,进行比较的目标,以及具体比较的维度(例如,行为、特质、态度)……在比较中反映出来的动机就是自我强化,这是通过认为自己的特质和前景比别人的更有利来实现的。(p.804)

在第二章中讨论的影响感知差异的所感知的特质——例如，相信自我比他人拥有更高知识水平的信念——表明在第三人效果中固有的自我—他人比较为"优于常人效应"的概念提供了一个很好的解释（Alicke et al., p804）。

自我—他人比较和信息

如果有了一个我们已经认为与之相比我们更为优越的群体（即使是广义定义的群体），那么做出自我强化的决定就更容易了。在第三人效果研究中，那些群体通常被归类为外群体（out-groups）——那些不与我们拥有共同的信仰，或者更糟，反对我们的信仰的人。和各种各样代表"社会距离"概念的标签相比，外群体是更为具体的他人（见第六章）。

政党提供了即时的、明确定义的外群体。科恩（Cohen）和戴维斯（Davis）（1991）在对1988年总统选举中负面广告的研究中，发现了信息的一个"不同的影响"（p.682）。"那些支持并由此接受一个政治竞选信息（攻击他们候选人对手的信息）的人认为他们受到了这个信息的影响，但是他们认为被攻击候选人的支持者没有受到影响。那些反对并由此拒绝相同信息（攻击他们候选人）的人表示他们没有受到影响，但是他们认为他们的其他支持者将会受到影响。"（p.687）当时，科恩和戴维斯的研究结果不只是我们在第三章回顾的简单的单变量的研究结果，而是参与者所支持的候选人与他人的内群体/外群体的身份这两个变量相互作用的结果。

大约十年后，梅里克（2004）在对2000年总统选举期间政治广告的研究中，翻转了科恩和戴维斯（1991）实验的方向。他关注的是从内群体和外群体候选人那里接收到的信息。[①] 梅里克从内群体候选人那里接收到的信息中发现了第一人感知，但这只是当自我与政治外群体的成员进行比较的时候才发生。当自我与政治内群体的成员进行比较的时候，发现了第三人感知。

---

① 内群体候选人既可以定义为艾尔·戈尔（Al Gore），这是对于那些将自己认定为民主党人，打算给戈尔投票的选民来说的；也可以定义为乔治·W.布什（George W. Bush），这是对于那些将自己认定为共和党人，打算投票给布什的选民来说的。外群体候选人的定义则与之相反。

自我归类而非自我强化的欲望解释了瑞德（Reid）和霍格（Hogg）（2005）在他们的实验中发现的第一人感知："自我归类理论旨在解释特定身份什么时候作为社会知觉和行为的基础具有心理上的显著性"（p.131）。正如瑞德和霍格所解释的，人们倾向于使用以原型为代表的社会类别来帮助他们了解周围的环境。他们将原型定义为"通过同时最大化类内相似性和类间差异来定义一个类别的一组模糊的属性集"（pp.131-132）。在自我归类理论中，这些原型是随着人们所处语境的变化而变化的概念。瑞德和霍格举了一个大学生的例子。在这个例子中，大学生先是与投资银行家进行比较，然后又与高中生进行比较。与前者相比较，这些大学生可能自我定义为年轻和不成熟的。然而与后者相比较，这些大学生可能会认为自己更加年长和富有经验。因此，在媒介环境中，这些原型的一部分不固定的特性就是社会类别和媒体内容之间的"规范拟合度（normative fit）"（p.131）。

在一系列研究中，瑞德和霍格（2005）发现，当参与者感知他们是一个群体的原型成员，并且同样感知这个群体与一种形式的媒体内容具有较强的规范拟合度时，就出现了第一人感知。如果没有这样的自我感知与群体所感知的较强的规范拟合度耦合，就不会出现第一人感知。换句话说，除了我们心理构成中所固有的自我强化动机外，"媒体已经自我强化到了这样的程度，即人们受到那个媒体的影响就是与人们所认同的群体具有规范拟合度。当然，这就意味着，即使是负面媒体，如果他们定义了自己的群体成员也能自我强化"（Reid & Hogg, p.156）。

文 化

文化规范和价值构成了更深切感知内群体和外群体情况的基础。卓（Cho）和韩（Han）（2004）检验了文化差异对自我—他人感知的影响，认为自我强化的欲望在集体主义文化（韩国）中没有在个人主义文化（美国）中感觉那么强烈。他们推论，在集体主义文化中的人们与其他人有着更加密切的联系。

卓和韩（2004）发现，基于参与者的文化背景，电视啤酒广告、印刷（杂志）的酒类广告、关于吸烟以及艾滋病（AIDS）的电视新闻被感知在影响自我和他人方面存在差异。尤其是在美国样本中要比在韩国样本中对正面媒体内容（关于吸烟以及艾滋病的电视新闻报道）产生更大的第一人感知。"个人主义文化中的成员把他们自己看作是不同于周围物理和社会环境的自主的主体……与此相反，在被认为是集体主义文化的东亚国家里，人们往往不对自我和他人之间进行区分……因为自我只有在与他人联系在一起的时候才具有意义，所以在集体主义文化中，内化的社会信念对一个人的生存至关重要"（Cho & Han, p.304）。[①] 通过这些研究发现，卓和韩得出这样的结论，当第一人感知被发现存在的时候，自我强化可以用来对其进行解释。

论据质量

信息的结构在说服的成败中占据显著地位。在产生感知差异方面，自我强化似乎是与论据质量相互作用的。

在预测中，参与者对说服性信息论据质量的强或弱进行识别，并作出不同的评价：其中强论据会产生第一人感知，弱论据不会产生感知差异，这就表明信息质量可能是社会合意性的一个元素（White, 1997）。此外，怀特（White）在辨别弱信息论据和强信息论据差异的能力中发现了第一人感知。他的实验要求学生参与者对支持高校学费增长的信息的影响进行评价，这是一个高度相关的主题。然而，参与者对于强、弱论据的评价具有显著的不同，"另一方面，他们对第三人的感知集中于一点，即认为他人几乎没有能力分辨强、弱论据"（p.562）。

进一步的研究表明，参与者认为，自己要比他人更会被将安全性行为作为预防艾滋病的一种手段的高质量的信息说服，而对于低质量的信息则相反（Duck, Terry, & Hogg, 1995）。达克、特里和霍格（1995）检验了对11个预防HIV/AIDS公益广告感知的影响。信息质量，因为是由一个独立样本决定并由研究参与者感知得到的，所以导致了（信息质量）被人解释为，质量相对较差的公益广告的第三人感知与质量相对较好的公益广告的第一人感知之间一系

[①] 这些论据回应了纽沃思（Neuwirth）和弗雷德里克（Frederick）（2002）第二人效果（a second-person effect）的概念，即他们将这个概念定义为一种自我和他人被感知受到媒体内容"共同影响"（p.117）的情境。同样，甘瑟和索尔森（1992）发现，自我和他人都被感知受到了亲社会的公益广告的影响，但是还没有达到彼此显著不同的程度。

列的相互作用。研究者指出,"对自我和他人所受信息影响的感知,依据广告和感受者的具体特征存在不同的自我服务方式,不能只通过内容的效价来预测"(pp.320-321;emphasis added)。该项研究的扩展发现,参与者感知他们和他们的学生群体受到信息性的和情感性的安全性行为信息的影响大体相同(Duck, Hogg, & Terry, 1999)。

在怀特(1997)的研究中,参与者接受所提倡立场的基本原理是基于参与前测的受访者所赞成的一组陈述。达克、特里和霍格(1995)报告称,导致出现最强第一人感知的是信息质量的主观评价而非信息质量的客观评价。因此,在这两个研究中,对于信息质量和论据强度的信念似乎在第一人感知中发挥了作用。在这些案例中,信念是关于高质量论据的标准。这表明其他的更坚定的信念会对个人的判断产生更大的影响。

持有的信念

除了信息质量以外,还有一个特征似乎也能够提高信息的合意性,即有说服力的内容与人们已有态度的一致程度。当然,如果一个社论拥护我们的信念,很明显它就是合意的,那么,"明智的人"就应该被它影响。对否认犹太人大屠杀的广告(Price, Tewksbury, & Huang, 1998)和竞选中攻击"其他"候选人的政治广告(Cohen & Davis, 1991)中的信息进行的研究发现,一致性与第一人效果密切相关。一致性理论认为人们倾向于不重视或忽略与已有信念不一致的信息(Osgood & Tannenbaum, 1955),这无疑表明,人们会感知不一致的信息具有更大的第三人感知,而一致的信息应该会减少第三人感知而增加第一人感知。另一方面,在一个使用了关于晚期堕胎的规定或权利这种非常具有争议性话题的实验中,发现一致性与第一或第三人效果不相关(Andsager & White, 2001);相反,在对主张人工流产为合法的社论或反对给予堕胎选择权的社论的感知的可信度中,一致性却发挥了主要作用,这反过来又影响了对自我和他人所受信息影响的评价。那么,通常情况下,第一人感知在通过各种方式认定为强化参与者已有信念的信息中被发现。(Cohen & Davis, 1991; Meirick, 2004;

Price et al., 1998; Reid & Hogg, 2005)。

感知的合意性的程度，诸如对信息质量和论据强度的态度，是人们持有的信念的一种函数。某些话题、某些媒体形式、某些信息特征被认为要比其他的更为合意。亲社会信息是基于信息接收者的文化倾向引发接收者的反应（Cho & Han, 2004）。这些文化倾向是这个文化中的成员所共享的信念。因此，信息的接收者将会以和他们已有的文化信念相一致的方式对说服性诉求作出反应。所有这些感知都取决于人们相信说服性信息中哪些是真的。

不管怎样，所有这些研究结果反映了人们之所以如此，是因为媒体内容、形式和（或）质量与他们对这些概念已有的信念和态度相一致。麦克劳德（McLeod）和查菲（Chaffee）（1973）将一致性定义为一个内心的概念，这个概念是"由人们自身的认知和对他人认知的感知之间的相似度来索引的"（p.485）。在说服性传播领域，一个人（信息的接收者）基于对另一个人发出的说服性信息的相关内容、形式、质量以及其他变量的评价，能够相当准确地评价"其他人"（信源）的认知。一致性程度较高的情境将导致对人们原有信念或态度的加强。研究表明，正是自我强化的欲望和这种一致性状态的结合导致了第一人感知。

传统的说服观

本章提出证据表明，第一人效果在某种意义上并不是真正存在的。这里提出的论点是，第一人效果是一种非常传统的说服观的一部分，而并非是一个独特的现象。卡特莱特（Cartwright, 1971）在回顾美国政府在第二次世界大战中推销战争债券所作的努力时，描述了进行大规模说服工作的过程和结构。他也提供了一种传统的说服观，可以作为模板更好地理解第一人效果的内涵。

卡特莱特（1971）认为说服包括三个过程。第一个过程就是创建特定的认知结构，紧接着就是创建特定的动机结构，这就导致了特定行为结构的创建。"行为是由人们拥有的信念、观点，以及'事实'决定的，是由人们拥有的需求、目标和价值所决定的，是由人们通过特定的认知和动机结构的特征来瞬间控制其行为来决定的"（pp.429–430）。

认知结构

按照卡特莱特（1971）的研究，认知结构是存在于人们心理世界中的各种形式的内容之间的一个关系矩阵。这种内容可以是以过去习得的事情或形成的态度的形式存在，也可以是从外部信源输入并且目前到达人的感知器官的信息的形式存在。正如我们之前提到的，已经在以下几种媒体内容中发现第一人效果，即合意的、高质量的、通常被认为是亲社会的、与人们的文化相符合的，以及和人们的态度相一致的媒体内容。随后发生的就是以媒体信息形式存在的新信息与人们已有的认知结构之间的相互作用。卡特莱特认为，人们是基于刚收到信息时该信息给人们留下的总体印象来决定是接受还是拒绝的。倾向于作启发式判断的接收者（Tversky & Kahneman，1982a），对这个信息的评价是基于信息的共性。这些共性使接收者便于将媒体内容归入已有的类别中。依据媒体内容所归入的类别，信息就创建了一个是有利的、中性的还是不利的最初印象。

关于这种关系的一个例子，在刊载于肯塔基州莫瑞州立大学学生报纸上的一篇社论、一篇社论漫画以及给编辑的一封信中展现得淋漓尽致（"Spitting on the Constitution"，2006）。2006 年 2 月，美国最高法院决定不审理霍斯蒂诉卡特（Hosty v. Carter）的案件（2003，2005），在这个案件中，第七巡回上诉法庭维持下级法院的决定，允许位于伊利诺伊大学公园的州长州立大学对学生刊物进行行政复议。针对这一案件，学生报纸发表了一篇社论对此作出回应。《莫瑞州立大学新闻》（*The Murray State News*）发表社论称"最高法院审查大学刊物"（p.4a）。为这个社论所配的漫画描绘了一个学生记者站在最高法院的台阶上做了一个具有煽动性的手势，起的标题是"审查这个"（p.4a）。

尽管最高法院的诉讼在逻辑上不能被形容为对新闻自由的有力支持，但是将最高法院的这个决定描述为审查在逻辑上同样也根本站不住脚。最高法院只是选择不审理案件。这个决定的确使得推翻下级法院判决的所有希望都破灭了，但是在这种情况下实际的审查是这样的，由那些拒绝资助他们的大学生报纸的大学官员引发了一连串法律事件，而这些最终止步于最高法院门前。

像这样的事件被称为"刺激情境（stimulus situation）"（Cartwright，1971，p.431）。"人们基于对整个刺激情境的共性的印象来决定是选定还是拒绝"（p.431）。在莫瑞州立大学的学生记者能够通过很多的信息源来为他们的社论取材。其中一个可能的信息源就是学生新闻法中心（Student Press Law Center, 2006），他们的社论就是从中引用的。另一个信息源就是第七巡回上诉法院宣判的决议，但是学生们并没有引用。因为一个人已有的"用来描述刺激情境特征的类别倾向于保护他的认知结构以免发生不必要的变化"（p.432），所以卡特莱特的论点可以预测这样一种对信源材料的选择。说学生记者有抵制审查的倾向，这是一种很轻的说法。学生新闻法中心为学生的新闻自由提供了论据，而法庭的决议则提供了相反的论据。在学生们看来，学生新闻法中心为他们提供了一组值得选择的共性作为一种刺激。从刺激情境中选择这么一种选择性接触的形式导致人们接触到说服性及其他形式的信息内容。

作为对学生社论的回应，一位《莫瑞州立大学新闻》的读者在给编辑的一封信中表示，倘若学生通过法律手段支付出版费用以及安排发行，"他们就可以发表任何言论"。这封信的作者同样表示，"我们都有言论自由的权利，但是我们没有权利强迫别人为此付费"（Edminster, 2006, p.4a）。报社员工为这封读者来信起了一个标题"教授鼓励报纸审查"。和刺激情境一样，卡特莱特（1971）预测，"一个人用来描述信息特征的类别倾向于保护他的认知结构以免发生不必要的变化"（p.433）。报社员工很明显把这封信向编辑描述成了对审查的认可，而不是参与一个有关法律先例的讨论，因为它不足以支持绝对的和资助的自由主义。尽管信的作者坚称他支持自由表达的权利，但是报社员工已经对他作出了那种特性描述。

卡特莱特（1971）认为，如果接触到诸如给编辑的那封信一样的信息，并且信息与一个人的认知结构不一致的时候，以下三种情况之一将会发生：

- 信息将会被拒绝。
- 信息将会被曲解以便适应已有的认知结构。
- 信息将导致接收者的认知结构发生实际的变化。

"哪个结果将会实际发生取决于维持认知结构的力量和新信息所具有的力量之间的相对强度"（p.434）。我们可以假定，信的作者希望改变报社员工关于出版自由的认知结构。然而，实际发生的却是报社员工通过对这封信进行曲解来使它适应自己已有的认知结构。

动机结构

需求是人们认知结构的组成部分。这些需求"通过在人的认知结构中设定目标来为行为和自我表达提供能量"（Cartwright，1971，p.437）。当不同的行为形式被视为实现这些目标的手段时，他们变得相对更加容易接受。卡特莱特解释说，人们为了接受行动方案作为实现目标的手段，这个行为就必须符合人们的认知结构。此外，一种行为能够实现的目标越多，这种行为就越有可能被作为一个可接受的选择。最终，为了支持一种更简单的实现自己目标的方式，一种行为方式可能会被拒绝。

行为结构

因为满足需要的本质，所以饥饿、口渴或其他类似的生理动机确实能够导致可预测的行为的发生。"然而，这里还有其他大众说服活动需要处理的更为常见的系统，这些系统并没有任何明确的时间限制来持续地刺激他们采取行动"（Cartwright，1971，p.442）。在说服性传播的案例中，如果说服的目的是为了导致人的行为发生变化，那么说服必须努力创造持续的刺激并且限定时间。卡特莱特指出，行动方案定义得越明确、时间期限设置得越精确，这个方案就越有可能真正作为实现目标的手段被采纳。如果说服尝试能够通过将人放置在一个必须决定是采纳还是拒绝一个行动方案的情境中来创造急迫感，那么这个人的行动动机就能够控制他的实际行为。

第一人效果的内涵

研究表明，当人们将自己与他人进行比较的时候，一种自我强化的需要（Taylor & Brown，1988），独特的不会受到伤害的感觉（Perloff & Fetzer，1986），以及一种认为"我"略高于平均水平的信念（Alicke et al.，1995）都是人们已有认知结构的组成部分。学者们同样发现，引发第一人感知的信息是以和信息接收者的信念、态度、感觉或世界观相一致的形式和/或内容出现的。卡特莱特（1971）预测，当信息接收者接触到这种信息，会将这些信息融入已有的认知结构中。信息接收者主要是通过推断自我比他人更会受到这些信息影响的方式，将这些信息融入自身认知结构中自我—他人的部分。

在第三人效果假设的语境中，我们如何划分传入的信息决定了它将如何影响我们的动机结构。换句话说，如果一个人接触到了一个与自己已有认知结构不相符的信息，这个信息很有可能会被彻底拒绝（Cartwright，1971）。即使信息已经超越个人感官，它所提倡的立场也会被拒绝。现在，假定一个人在进行自我—他人比较的语境中，碰巧在某些方面被刺激去考虑同样不利的信息。卡特莱特认为，这个人能够使信息与他自己已有的认知结构相符合。

例如，在 2004 年 11 月 15 日《周一橄榄球之夜》（Monday Night Football）节目介绍对阵双方费城老鹰队和达拉斯牛仔队期间，女演员尼科莱特·谢里丹（Nicollette Sheridan）上演了一个小短剧。在剧中，她扮演了一个全身只裹着一条围巾的诱惑者，并且脱光后跳到了老鹰队接球手特雷尔·欧文斯（Terrell Owens）的臂弯里。这个短剧除了为美国广播公司（ABC）结束曲《为橄榄球做好准备了吗？》（Are You Ready For Some Football？）提供一个导入外，还为了推销广播网新推出的黄金时段喜剧《绝望的主妇》（Desperate Housewives）（Biggs，2004）。在那周晚些时候的一个采访中，印第安纳玻利斯小马队主教练托尼·邓基（Tony Dungy）说道，"我对美国广播公司周一晚上发生的事情非常失望。我的儿子 12 岁，他周一晚上很早完成了作业看那个，我非常非常失望"（Biggs，2004，p.139）。邓基还表示，他为裸体的谢里丹感到困扰，一个高加索人跳进了牛仔队欧文斯——一个非裔美国人张开的双臂中。"我首先感觉受到了冒犯，我认为这是种族歧视。"（p.139）

邓基是一个非裔美国人，他解释说自己不一定受到这个宣传恶搞的影响，但是，这个短剧的种族色彩以及他 12 岁的孩子，促使他思考这个短剧会怎样影响别人。

对于大量不那么有利的信息，诸如这种，第三人效果研究表示，持有那种认为别人会比自己更容易受到输入信息的影响的信念的人们，是通过使这些信息从他们个人的角度看更能说得通的方式融入他们的认知结构中的。当然，并不是每个人对同样的信息都以相同的方式来感知。例如，当芝加哥熊队接球手鲍比·韦德（Bobby Wade）被问到他是怎么看待谢里丹和欧文斯时，他似乎表明这种宣传产生了第一人效果:"这是《周一橄榄球之夜》。那就是它应该有的样子。每个人都在观看。我现在有点儿想看(《绝望的主妇》)了。我听说它是一个疯狂的节目。"(Biggs,2004,p.139)①

所以,对于说服性信息以及其他被感知在本质上"有利"的传播形式来说,那些引发第一人效果的信息存在另一种情境。如果接触到的这种信息确实与人的信念系统相符,那么它就可能融入信息接收者的认知结构中。

正如表 5.1 所示,第一人感知可以是自我—他人比较的两种可能的组合的反映。第一种,人们可能感知自己受到了信息正面的影响,也同样相信他人受到了正面的影响。这可能是接触到了与已有态度相一致的信息(Cohen & Davis, 1991),情感诉求(Gunther & Thorson, 1992),高质量的信息或强有力的论证(Duck, Terry, & Hogg, 1995;White, 1997),合意的电视使用(Peiser & Peter, 2000),电视内容(Gunther & Hwa, 1996),公益广告(Cho & Han, 2004;Chock & Lee, 2005;Meirick, 2005b;White & Dillon, 2000),或内群体电视节目(Reid & Hong, 2005)的结果。

表 5.1 通过信息类型感知信息对自我和他人影响

感知	研究	信息类型
自我受到正面的影响,他人受到不太正面的影响	Cohen & Davis (1991)	与态度一致
	Gunther & Thorson (1992)	情感的
	Duck,Terry,& Hogg (1995)	高质量
	Gunther & Hwa (1996)	电视内容
	White (1997)	强论据
	Peiser & Peter (2000)	合意的电视使用
	White & Dillon (2000)	公益广告
	Cho & Han (2004)	公益广告
	Meirick (2005b)	公益广告
	Chock & Lee (2005)	公益广告
	Reid & Hogg (2005)	内群体电视节目
自我受到正面的影响,他人受到负面的影响	Meirick (2004)	内群体政治广告

---

① 像这样的反应表明,信息的接收者认为自己是一个群体的原型成员,对于这个群体来说,这个信息具有较强的规范拟合度(Reid & Hogg, 2005)。

第二种，人们可能感知自己受到信息正面的影响但是却感知他人受到了负面的影响。在这种情境中，自我发现信息是有说服力的，但是感知他人被信息劝阻了。梅里克（2004）发现内群体政治广告就是这样的例子。

那些能够帮助人们实现不止一个目标的行动方案，通常是人们更有可能采纳的行为。"当这种情境存在的时候，朝向这些不同目标的力量都会假设这一个行动的方向，而这一行动的方向是他们所有力量共同的路径。"（Cartwright，1971，p.440）研究表明，自我强化的目标可以通过进行合适的自我—他人比较来实现。此外，说服性诉求可以通过精心制作来与人们的认知和动机结构相一致。如果我们假定这个研究是有效的，那么大多数第一人感知似乎都是这样的情况，即一个单一的行动方案能够实现不止一个目标。例如，如果一个人相信慈善事业对社会有益，那么要想成为一个好公民，可以通过为一个慈善机构每月志愿服务 5 小时来实现。如果这个人感知他人也相信慈善事业是一个好主意，并且他们每月也志愿服务 5 小时，那么这个人可能会通过增加每月志愿服务的时间至 10 小时来实现自我强化的第二个目标。在第一人效果的研究中，这可能会是这样一种情境，即一个人感知自己受到了一个概念的正面影响，而且他相信这个概念也对他人产生了正面的影响（见表 5.1）。

那么可以认为，一个旨在鼓励人们志愿贡献他们的时间的成功的公共信息运动应该利用两种策略。第一种策略应该解释为什么志愿服务是件好事。这可以通过解释志愿精神与人们已有的认知结构相符合的方式来实现。第二种策略应该强调这样的事实，即很多其他人也在为慈善事业志愿贡献自己的时间。第二种策略应该包括其他人通常参与志愿工作的小时数。

一项研究：第一人策略

我们使用以下信息作为一个实验室实验的语境来检验这个想法：2006 年春天，在美国，伊拉克战争已经成为一个引起分歧的话题。45% 的成年人认为在伊拉克使用武力是正确的决定，49% 的成年人认为这是一个错误的决定，还有 6% 的成年人仍然犹豫不决（The Pew Research Center for the People & the

Press, 2006, March 16)。围绕这个战争产生分歧的一个重要原因就是美军数量——自战争开始三年来死亡人数已经超过 2,300 人（Iraq, 2006）。除此以外，超过 17,000 人在战争中受伤，其中，数千人遭受了破坏性的伤害。由于大量的伤员，很多慈善机构开始募资为这些撤回的部队修建康复设施，在他们看来，这些撤回的部队没有得到美国政府应有的照顾。

方　法

实验对象是 124 个就读于中等规模大学的大学生（年龄在 18 至 28 岁之间，女性占 63%），他们阅读了关于慈善机构努力为伊拉克受伤老兵修建康复设施的一页介绍。这个介绍所包含的数据信息突出强调了在冲突中受伤的士兵数量，并且解释了很多士兵所遭受的破坏性伤害的性质。在介绍的最后是一段陈述，表明整个美国的人都已经开始志愿贡献自己的时间来帮助机构进行募资。1/3 的实验对象（n=42）被告知，人们同意未来六个月平均志愿服务 10 个小时。另外 1/3（n=41）被告知，人们同意在相同的时间期限内平均志愿服务 30 个小时。剩下的实验对象（n=41）没有提供任何关于其他人志愿服务小时数的信息。这种操作产生了变量的先验知识（Prior Knowledge）。

然后，通过要求 1/3 的实验对象（n=43）将他们对伊拉克战争的态度和战争支持者的态度进行对照，从而产生了一个变量（比较的他人，Comparative Other）；要求 1/3 的实验对象（n=42）与战争反对者进行同样的对照；允许 1/3 的实验对象（n=39）选择他们自己进行对照的群体（支持者或反对者）。

调查问卷的项目除了测量人口统计数据以外，还测量了实验对象对慈善机构感知的价值（Worthiness），自我将会志愿帮助慈善机构募资的小时数（自我志愿，Self Volunteer），以及实验对象认为与他们相比较的群体成员志愿帮助募资的小时数（他人志愿，Others Volunteer）。除此以外，实验对象对七级李克特式项目作出回答，该项目的陈述是："（对照组的成员）希望有机会为慈善机构志愿服务"（他人欢迎，Others Welcome）。第二项的陈述是："我希望有机会为慈善机构志愿服务"（自我欢迎，Self Welcome）。最后，实验对象被问到他们是支持战争，保持中立，还是反对战争（战争立场，War Position）。

结果

87%（n=108）的人同意或者非常同意慈善是一个有价值的事业。45%（n=55）的实验对象支持战争，15%（n=8）的实验对象表示中立，还有40%（n=50）的实验对象反对战争。4%（n=5）的实验对象是老兵。

战争支持者要比战争反对者更加认为慈善机构是"一个有价值的事业"，$F(1, 121)=4.59$，$p<.05$；$\eta^2=.04$。战争支持者要比战争反对者更加"希望有机会志愿服务"慈善机构，$F(1, 121)=4.11$，$p<.05$；$\eta^2=.03$。

作为对照的他人，战争支持者要比战争反对者更多地被感知"希望有机会志愿服务"慈善机构，$F(1, 121)=31.41$，$p<.001$；$\eta^2=.21$。①

在图 5.1 至 5.3 中反映了一个使用了总数据集的分析。如这些图所示，战争立场与对照他人在他人志愿和自我志愿方面存在显著的交互作用，重复测量多元方差分析（MANOVA）$F(2, 117)=5.66$，$p<.01$；$\eta^2=.09$。

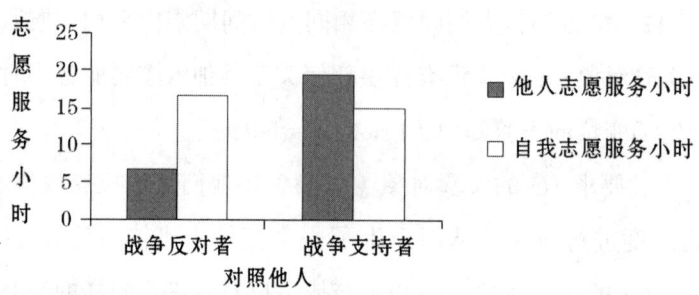

图 5.1　战争支持者通过对照他人感知自我—他人志愿服务

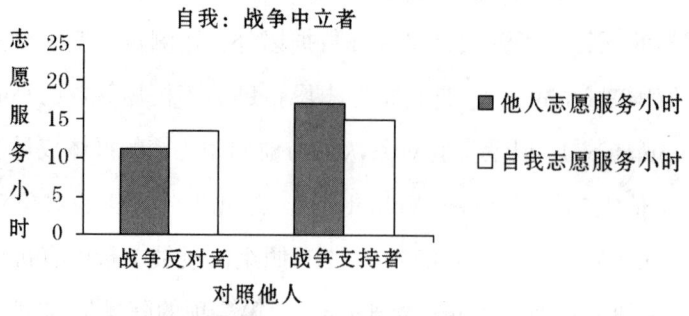

图 5.2　战争中立者通过对照他人感知自我—他人志愿服务

---

① 通过使用一系列变量的分析（方差分析，ANOVA）来对数据进行分析，其中战争立场变量为自变量，每个测试中列出的态度项目为因变量。

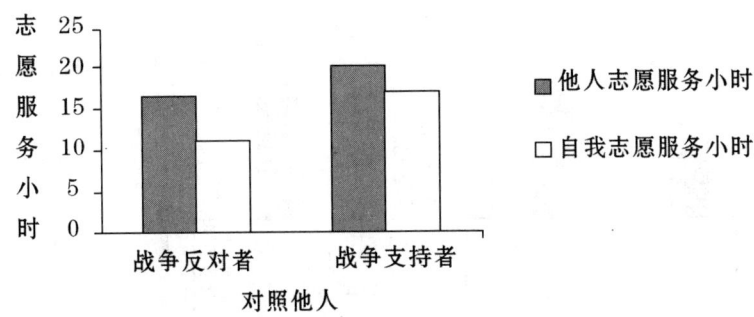

图 5.3 战争反对者通过对照他人感知自我—他人志愿服务

另一个分析是通过将数据集限制为已经给予先验知识的实验对象来进行的,这些先验知识是关于其他人同意为慈善机构志愿服务的小时数。图 5.4 至 5.6 显示了这个分析的结果。在他人志愿和自我志愿方面都存在显著的先验知识的主效应,$F(2,74)=3.68$,$p<.03$;$\eta^2=.09$。① 此外,使用这些相同的数据,图 5.4 至 5.6 显示了战争立场与对照他人在他人志愿和自我志愿方面发生的显著的交互作用,$F(2,75)=5.24$,$p<.01$;$\eta^2=.12$。

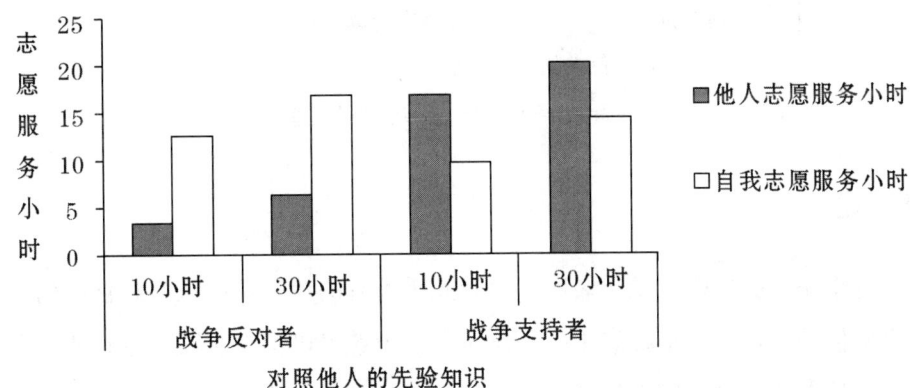

图 5.4 通过对照他人的先验知识,自我和他人可能志愿服务的小时数

---

① 本段中的分析报告了重复测量多元方差分析的结果,其中志愿服务变量为因变量。

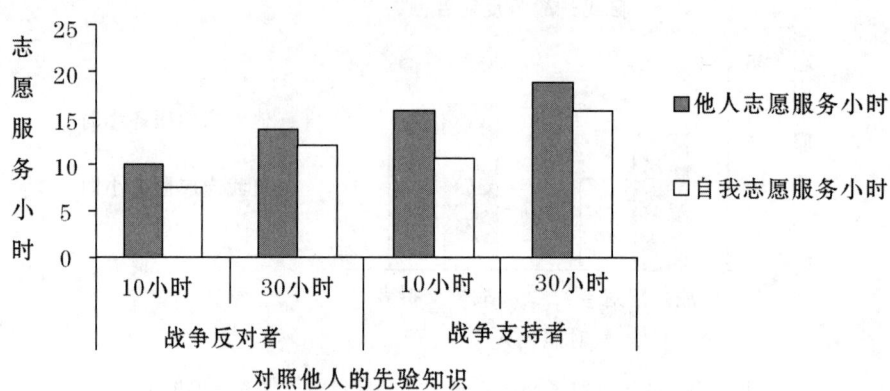

图 5.5 通过对照他人的先验知识，自我和他人可能志愿服务的小时数

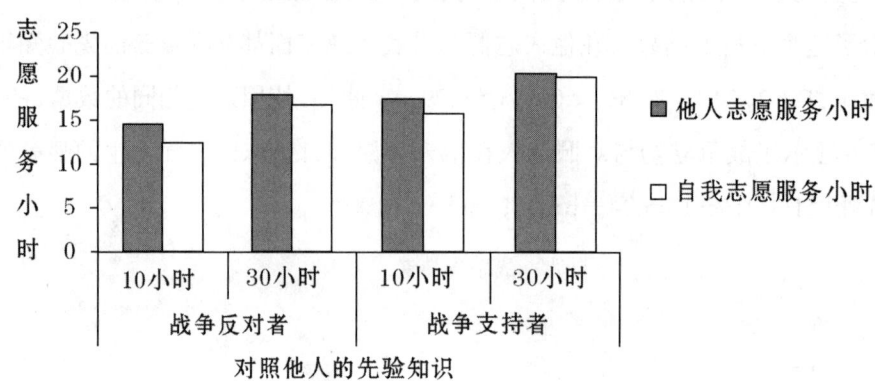

图 5.6 通过对照他人的先验知识，自我和他人可能志愿服务的小时数

讨 论

这个小实验的研究结果表明，尽管几乎所有的参与者都认为慈善机构是一个有价值的事业，但是相较于战争反对者，为慈善机构志愿服务更好地契合了战争支持者的认知。研究结果同样表示，研究参与者感知存在这种关系，即相较于战争反对者，为慈善机构志愿服务更好地契合了战争支持者的认知。

图 5.1 表明，当战争支持者将自己与其他战争支持者（内群体）进行比照的时候，第三人感知出现了。另一方面，当战争支持者将自己与战争反对者（外群体）进行比照的时候，第一人感知变得明显。这个研究结果与科恩和戴维斯

（1991）以及梅里克（2004）报告的结果都一致。当梅里克的研究对象将自己与政治外群体的成员进行比照的时候，梅里克发现了第一人感知。然而，当梅里克的研究对象将自己与政治内群体的成员进行比照的时候，第三人感知出现了。梅里克得出结论，这种不同的研究结果可能是"声称受到有利信息适度有益的影响，同时仍然保持着一种相对不可说服和自我决定的感知"（p.250）的自我强化的欲望的结果。在我们的研究中，战争中立者（图5.2）产生的结果与战争支持者的结果相似。

与战争支持者和中立者不同，战争反对者（图5.3）认为战争支持者和战争反对者都可能会比自己花更多的时间参与志愿服务，这就是第三人感知。当这些战争反对者将自己与战争支持者进行比照的时候，他们的认知结构指示，战争的支持者将会愿意花更多的时间参与志愿服务（Cartwright，1971）。当战争反对者将自己与其他战争的反对者进行比照时，他们自我强化的欲望使他们保持一种相对不可说服的感觉（Meirick，2004）。瑞德和霍格（2005）提供的论据支持了这个观点，即战争的反对者并不认为自己是将志愿服务视为具有较强规范拟合度的群体的原型成员。因此，当战争反对者将自己与他人（不管他人的战争立场）进行比照的时候，第三人感知出现了。

在认知结构上就乐意接受志愿服务的战争支持者群体，报告称他们会比战争反对者花更多的时间参与志愿服务。战争反对者认为志愿服务与他们具有相对较弱的规范拟合度。第一人感知将是我们预期会发现的，如果战争支持者：

• 认为志愿服务是一个好主意。
• 当与战争反对者比照的时候会进行自我强化。
• 通过采用一种行为可以实现多个目标。

图5.4至5.6反映了类似的研究结果，但是同样揭示了这一点，即人们掌握关于他人所作所为的具体信息，会影响自我的行为意图。换句话说，当参与者被告知他人平均会志愿服务10小时时，他们表示会参与志愿服务的小时数，要比他们被告知他人服务30小时时，他们表示会参与志愿服务的小时数要少。

总　结

这些数据中存在两种情境。第一种情境是通过战争支持者来举例证明的，在这个情境中，已有的认知结构可以适应输入的说服性信息。即战争支持者自然会同意为受伤老兵提供服务这个想法值得人们志愿贡献时间。第二种情境是通过战争反对者来举例证明的，在这个情境中，已有的认知结构不一定会适应这种输入的说服性信息。换句话说，战争的反对者，不管他们会多么同情受伤老兵的困境，都必须试着将花费时间参与志愿服务这个想法与他们反战的认知结构相适应。反战者可能认为这种活动是一种表明支持战争的形式。

我们的研究结果表明，尽管战争支持者和反对者都相信参与志愿服务帮助受伤老兵是个好主意，但是战争支持者要比反对者更为强烈地持有这种信念。每个群体最终如何将这种被说服的状态融入他们已有的认知结构中，是通过他们相对于他人如何看待自己来反映的。对于战争支持者，规范拟合度是通过与战争反对者（外群体）相比较感知第一人感知，以及与其他战争支持者（内群体）相比较感知第三人感知来维持的。对于战争反对者，规范拟合度是通过与所有他人（支持者和反对者）相比较感知第三人感知来维持的。这个研究结果与梅里克（2004）以及瑞德和霍格（2005）的研究结果相呼应。

有证据表明，当两种条件占上风时，第一人感知变得明显。第一种条件，一个输入的说服性信息与接收者的认知结构的契合度，应该比与其他人的认知结构的契合度更好。第二个条件，当进行自我—他人比较的时候，所讨论的他人应该是外群体的成员。当这些条件存在的时候，被说服将可能表现为第一人感知。

第六章
定义他人

❖ ❖ ❖

戴维森（1983）在提出他的第三人效果假设时，提供了各种会被称为第三人感知对象的"他人"的例子。其中有两个例子涉及了在第二次世界大战中交战的相当不同的群体。

在第一个例子中，戴维森（1983）解释了白人美国军官是如何感知在硫黄岛上的非裔美国士兵非常容易受到日本宣传的影响。日本宣传家根据他们的目标受众设计了信息（并且通过空投传单的方式散布给目标受众）。这个信息在某种程度上声称，非裔美国军人不应该"冒着自己的生命危险为白人打仗"（p.1）。当然，带领海军陆战队攻入海岛的白人军官也读到了这个宣传单。不幸的是，白人军官将非裔美国士兵撤离了日本战线，并将他们部署在了战术上不太有利的位置上。戴维森怀疑，日本人在散布他们的宣传时，对白人军官所作的陈述要比对非裔美国士兵的多。"（日本宣传家）可能没有期望传单能够对士兵本身产生效果，而是尝试着去刺激白人军事指挥官采取行动，白人军事指挥官显然这样做了——即撤回了非裔美国士兵。"（p.2）

在第二个例子中，戴维森（1983）讲述了一个盟国在西欧利用假情报的战役。这次是为德国高级军官提出的建议，即德国空军飞行员很容易受到盟国无线电广播的影响。这种被感知到的脆弱性（vulnerability）似乎致使德国军官们怀疑他们自己的飞行员会密谋开着他们的飞机逃跑。这反过来也导致德国领导层加强了对他们自己战斗飞行员的监视，结果导致德国军队士气和作战效能的削弱。

可识别的与笼统的他人

在这些例子中，非裔美国士兵以及德国空军飞行员是定义明确的群体。这两组他人群体除了可识别外，他们还是宣传运动表面上的目标。而且，从军队领导人的角度看，这些群体是被评价为容易被说服的目标他人（targeted others）。在硫黄岛上，这个群体是通过种族来界定的。在西欧，这个群体的成员具有战斗飞行员的战时技能。不管如何界定这些群体，每个群体很明显都是宣传信息的表面目标。此外，负责人采取紧急行动，很显然是基于他们对那些他们推断会成为这些宣传运动的目标对象的行为的预期。

除了这些战争时期的例子以外，戴维森（1983）还讨论了其他两个他亲身经历的例子。其中一个涉及的场合是他和记者们谈论报社社论的影响。他发现记者倾向于告诉他，社论"对于你和我这样的人影响不大，但是对于普通读者而言可能会产生比较大的影响"（p.2）。和戴维森谈话的记者们所说的"像你和我这样的人"是指一个推理上的特别的社论读者群体。然后，记者将这种内群体的成员与"普通读者"这种笼统的他人进行比较。

在最后一个例子中，戴维森（1983）将他的反应与一个设计巧妙的政治宣传单联系起来，这个宣传单是反对派候选人的支持者在竞选后期散布给选民的。恰巧戴维森很关注这个特殊的选举的结果。戴维森将他对选举的高度关注与他对其他选民的感知相结合，得出这样的结论，政治宣传会对选举行为造成显著的影响。因此，作为对策，他亲自将他所支持的候选人信息分发给了这些相同的选民。然而，正如戴维森后来发现，"选举后的分析表明，没有一组宣传材料对选民产生了很大的影响"（p.2）。

在后面两个例子中，所涉及的他人构成了不可识别的群体。这些他人是20世纪50年代普通的报纸读者，是国家大选期间享有普选权的登记选民。他们只是构成了笼统的受众，这些受众可能会接触到所研究的信息。

他们不是"我"

正如戴维森（1983）的例子中所显示的，他人可以被界定为或多或少可识别的。根据所讨论的他人被界定的清楚程度，他们往往被感知存在一到两个缺点。如果他人是一个广义的群体，诸如戴维森例子中的登记选民以及普通的报纸读者，那么他们就存在"不像我"的缺点。他们不是"我这群人"的一部分。如果从极端来看，这种带有偏见的观点是对笼统的他人群体不是"我"这种终极内群体的谴责。

他们是"他们"

另一方面，如果他人构成了可识别的一群人，诸如在硫黄岛上的非裔美国士兵或德国空军飞行员，那么他们就不只具有不是"我"的缺点，而且还可以获得关于这些可怜人的足够多的信息得出这样的结论，他们的缺点在于是"他们"。

两个层面

因此，我们似乎是在两个层面上讨论第三人感知。第一个层面，我们确定所讨论的他人与我们自己有什么不同。随着差异的增加，我们对他人将会受到影响的感知程度也会增加。这个层面既包括了系统分析也包括了利用启发式或判断规则（见第七章）。通过系统加工，我们可以评价我们自己与他人之间的相似度。然而，如果我们只是通过计算相异性来推断他人更有可能会受到说服性传播的影响，我们利用的是判断规则。关于这个层面的一个例子，可能是一名大学二年级的学生。如果她系统地评价她自己和她在女大学生联谊会中的姐妹之间的相似度水平，她可能会确定相似度相当高。相比之下，当她评价她自己与她的大学教授之间的相似度时，相似度的水平可能会非常低。因此，当大学二年级的学生阅读一篇高校校报上的社论时，她可能会预期和她相异的大学教授要比和她相似的联谊会姐妹更容易受到社论中所包含的说服性信息的影响——尤其是如果这个社论是关于一个令人不快的话题，诸如在周六早上安排必修课。

第二个层面，我们确定讨论中的他人是否拥有一些特征，这些特征可能会导致他们受到特定的说服尝试的影响。这个过程在本质上是更为纯粹的系统过程，并且通过纳粹高级军官的例子得到了说明，这些军官能够系统分析他们军队各个组成部分叛变的潜在可能。因为德国空军飞行员拥有手段（他们自己的飞机以及帮助他们飞到英国的技能）以及潜在的动机，所以与那些为国防军（纳粹德国）服务而且很难穿越英吉利海峡的地面部队相比，他们从逻辑上讲更可能成为密切监视的人选。尽管德国军官也可能判定，那些技术娴熟的德国空军飞行员比起普通的地面部队的士兵与他们自己更加相似，但是这些军官还是对空军飞行员而非地面部队给予了特别的关注。

不确定性下的判断

尽管考虑自我—他人的相似度以及信息的靶向性程度，可以导致第三人（或第一人）感知的系统分析，但是只允许使用启发式策略的情境同样存在。例如，当决策者试图评价那些术语称为"公众"或"普通人"的他人群体的弱点时，没有能够使用的有用信息。此外，研究表明群体的规模会影响对他人的感知，这使得问题更加错综复杂（Tewksbury，2002）。

白（Paek）等人（2005）认为，对那些可获得的信息很少的他人的第三人感知具有启发式加工的特征。这些研究者认为，第三人感知是"在不同程度的不确定性下，社会判断中的一种认知谬误，这里的不确定性被定义为没有足够的信息来完成判断任务"（p.144）。他们指出，人们在对说服性信息给他人造成的影响作出准确判断之前需要具备两种必要的信息类型。第一种必要的信息类型是关于信息本身的信息，第二种必要的信息类型是关于讨论中的他人的信息。否则，"如果任何一种或两种信息都不可获得，那么信息对每个目标受众的影响的可能性和规模就变得不可预知"（p.144）。当人们对他人如何回应说服性信息进行第三人评价时，如果能够用于检验的实质信息很少，那么就必须诉诸启发式判断规则了。其中一个可以利用的启发式就是认识到"他人不是我"。如果这真的发生了，那么这就是关于笼统的他人群体的可用的信息范围——他们不是"我"。

这里讨论的是在不确定性下笼统的他人群体给评价者作决策所带来的困

境（Tversky & Kahneman，1982a，1982b）。佩蒂和卡乔波（1986）在他们关于说服的深思的可能性模式（elaboration likelihood mode of persuasion）①假设里讨论了这个想法。当描述说服性信息时，他们认为人们系统加工的可能性取决于这么做的动机和能力。因此，如果缺乏所讨论的他人的具体信息，那么也就缺失了创建系统的第三人感知的能力。唯一的选择就是对一些现成的启发式作出反应。我们认为，一种常用的启发式是"他们"，如同在"他们不是我"中的意思一样。

规范拟合度

另一方面，瑞德和霍格（2005）认为，对不可识别的群体的第三人感知是系统的。他们认为，感知差异是评价外群体成员（可识别的他人群体）如何使他们自己适应大众传播信息的结果。正如第五章中所指出的，瑞德和霍格认为，如果在信息和外群体之间有一个较强的规范拟合度，那么他人将被感知受到了影响。如果他们之间没有规范拟合度，那么就不会假定外群体受到了影响。

例如，一个生活在曼哈顿的不可知论者，会感知颇有说教色彩的鼓动性的福音布道对亚拉巴马州的基督教徒的影响，要比对中西部的哈西德派犹太人的影响更大。对基督教徒和哈西德派犹太人作出这种区分是可能的，因为这两个群体都是可识别的。假定不可知论者对这两个群体和布道都有些了解，那么这个人就可以去评价信息，去评价这两种潜在的受众，并且对哪组受众可能受到

---

① 译者注：译者引用中国人民大学刘海龙教授出版的《大众传播理论范式与流派》一书中的译法及其解释（第140页）：关于这个模式的名称，现在中文中存在几种译法，比如"精心（细）的可能性模式""推敲的可能性模式"，日文中被译为"详析的可能性模式"。在Bryant & D.Zillmann编辑的*Media Effects: Advances in Theory and Research*第2版中，有一篇R.E.Petty, J.R.Priester & P.Brinol对该模式的综述，在关于这个模式的总结（第176页）中第一句话是："The ELM holds that as the likelihood of elaboration is increased, the perceived quality of the issue——relevant information presented becomes a more important determinant of persuasion. Effortful evaluation of this information can proceed in a relatively objective or a relatively biased fashion, however."可见这里的elaboration与Effortful evaluation比较接近，是个表示动作的名词，所以"推敲""详析"要比"精心"好，考虑到中文的意思表达，这里试译为"深思"。

更多的影响得出合理的结论。从不可知论者的角度来看，无论是基督教徒还是犹太人都是不"我"。

然而，在这种情况下，启发式在执行判断任务时不一定单独行动。与此同时，还有可能通过可获得的信息作出合理的分析。这同样表明，通过信息系统加工得出的结论将会支配通过启发式加工得出的结论。佩蒂和卡乔波（1986）的深思的可能性模式在它的第七个假设中作出了类似的论证，即"大部分由对问题相关的论据进行加工而导致的态度变化，要比加工外周线索导致的态度变化，表现出更长的时间持续性，更大的行为预测以及更强的反说服抵制"（p.5）。

不同层次的他人

自从科恩、穆茨、普赖斯和甘瑟（1988）引入社会距离的概念来形容不同层次的他人，研究人员就检验了这些他人的性质，因为他们影响了第三人感知。他人既被作为笼统的人又被作为可识别的人来进行检验。例如，科恩等人（1988）将他人界定为一个可识别的"其他斯坦福学生"，一个较笼统但仍然可识别的"其他加利福尼亚人"，以及笼统的"整个舆论"（p.167）。在第三人效果研究中，这种对其他人的层级安排被称为社会距离的层次（levels of social distance）。

在科恩等人(1988)的研究中，要求斯坦福大学学生评价信息对这些他人群体的说服影响。其他斯坦福学生被认为比其他加利福尼亚人的社会距离要小，而其他加利福尼亚人要比整个舆论的社会距离要小。这个研究以及其他相关研究发现，随着与自我社会距离的不断增加，感知的说服性信息的影响也在不断增加。佩洛夫（1999）在对第三人效果进行综述和分析的过程中发现了10篇论文，这10篇论文记录了以这种或那种方式检验社会距离推论的研究。在他的综述之后，又有另外9篇论文做了相同的检验，我们把这9篇论文加到了佩洛夫的清单后面。这19篇论文里总共记录了33组检验多种层次的他人的数据集的结果，并且发现了第三人感知而非第一人感知。

本章检验了这33组数据集的结果来确定他人的性质是否和/或如何影响第三人感知。在对社会距离推论进行集中讨论的研究中，"他人"至少以34种不同的方式进行操作化。正如表6.1所显示的，这34个"他人"的操作性定义可以分为十类：

- 人际关系——朋友、家人，等等。
- 教育关系——他人在我的班级、学校，等等。
- 群体关系——内群体的他人和外群体的他人。
- 地缘关系——他人在我的城市、州，等等。
- 年龄关系——他人比我小，他人比我大，等等。
- 教育——小学、中学，等等。
- 种族
- 性别
- 目标他人
- 笼统的他人

前五种分类组成了可识别的、以自我为参照的他人群体。换言之，这些群体不仅能够被识别，而且他们是通过与自我之间的关系来界定的。在这些研究中唯一不变的是自我的概念。例如，思考一下，让艾奥瓦州的居民将他们自己与他们州的其他居民进行对比所联想出的群体形象，和要求肯塔基州的居民去做同样的事情所联想出的群体形象完全不同。我的朋友、我的班级、我的群体、我的年龄、我的场所——所有这些都是使用自我作为描述锚来了解那些他人是谁。

接下来的三个类别——教育、种族和性别，是可识别的、无参照的群体。这些他人可以被识别，但是当提供这些身份证明的时候，没有固定的参照用来作为锚。当然，一个男性参与者会明白一个女性的他人不是"我的"性别中的一员，但是这是参与者自己就能做的判定，无须提示他去考虑自我本身。此外，在这些研究中，随着参与者从一个进展到另一个，所讨论的他人的身份保持一致。不论从事第三人感知的人的性别是什么，女性群体始终是相同的群体。因此，在这些研究中对一些人群进行描述，实际上有助于我们理解哪些人构成了他人。而且，在人与人之间，这种理解保持相对一致。

表 6.1　自我与他人的研究 *

研究	人际关系					教育关系			群体		地缘						年龄				教育			种族		性别		目标他人						笼统的他人
	自我	家庭	最亲密的朋友	朋友、熟人	非熟人	同班	同校	在别的大学	内群体	外群体	邻里之间	同一城市	同一县	同一州	同一地区	同一国家	大四十岁	同龄	小四十岁	小八岁	大学毕业	高中毕业	小学毕业	白人	黑人	男性	女性	纽约、洛杉矶、青年、说唱音乐	受影响的城市	受影响的邻里	在停车场居住的穷人、杰瑞·斯布林格	银行家、美国消费者新闻与商业频道	同学、音乐电视	
Cohen et al., 1988	A						M							M																				M
Gunther, 1991	A					M								M																				
Cohen & Davis, 1991	A								B	C				B	B	B																		
Duck & Mullin (I), 1995	A		A	M	M																													
Duck & Mullin (II), 1995	A		A	M	A																													M
Duck, Hogg, & Terry, 1995	A										M			M																	C			M
Gibbon&Durkin(I), 1995	A	M														M																		M

表 6.1（续）

研究	人																											
	自我	人际关系			教育关系			群体		地缘						年龄				教育			种族		性别		目标他人						笼统的他人
		家庭	最亲密的朋友	朋友、熟人	非熟人	同班	同校	在别的大学	内群体	外群体	邻里之间	同一城市	同一县	同一州	同一地区	同一国家	大四十岁	同龄	小四岁	小几岁	大学毕业	高中毕业	小学毕业	白人	黑人	男性	女性	纽约、洛杉矶、青年、说唱音乐	受影响的城市	受影响的邻里	在推车停车场居住的穷人、杰瑞·斯布林格	银行家、美国消费者新闻与商业频道	同学、音乐电视	
Gibbon & Durkin(II), 1995	A	M																																M
Brosius & Engel, 1996	A			B																														C
White, 1997	A					M						M				M																		
McLeod et al.(a), 1997	A					B								M																				
Eveland et al.(Ia), 1999	A					B								M																				
Eveland et al.(Ib), 1999	A																																	B
Eveland et al.(Ic), 1999	A																											C						C
Eveland et al.(II), 1999	A					M				M							A	B	C		B	C												
Henriksen & Flora(I), 1999	A			B														C																M
Henriksen & Flora(II), 1999	A																	B	D	E			D											
Peiser & Peter, 2000	A			B																														C

表 6.1（续）

研究	自我	人际关系				教育关系			群体		邻里之间	地缘					年龄					教育			种族		性别		目标他人						笼统的他人
		家庭	最亲密的朋友	朋友、熟人	非熟人	同班	同校	在别的大学	内群体	外群体		同一城市	同一县	同一州	同一地区	同一国家	大四十岁	大八岁	同龄	小四岁	小八岁	大学毕业	高中毕业	小学毕业	白人	黑人	男性	女性	纽约、洛杉矶青年、说唱音乐	受影响的城市	受影响的邻里	在梅车摩尔呈居住的穷人、杰瑞·斯布格	银行家、美国消费者新闻与商业频道	同学、音乐电视	
Neuwirth & Frederick (a), 2002	A																																		B
Neuwirth & Frederick (b), 2002	A																																		
David et al., 2002	A										B			B																B	B				B
David et al. (I), 2004	A			B				C		M																									
David et al. (II), 2004	A			A				B																	B		B								
David et al. (III), 2004	A			B				C																		B	B	B							
Meirick(a), 2004	A								A	C																									B

表 6.1（续）

研究	人																													目标他人					
	人际关系					教育关系			群体		地缘						年龄					教育			种族		性别		受影响的城市（纽约、洛杉矶、说唱音乐）	受影响的邻里	在拖车停车场居住的穷人、杰瑞·斯布林格	银行家、美国消费者新闻与商业频道	同学、音乐电视	笼统的他人
	自我	家庭	最亲密的朋友	朋友、熟人	非熟人	同班	同校	在别的大学	内群体	外群体	邻里之间	同一城市	同一县	同一州	同一地区	同一国家	大四十岁	大人岁	同龄	小四岁	小八岁	大学毕业	高中毕业	小学毕业	白人	黑人	男性	女性						
Meirick(b), 2004	B																																	B
Paek et al., (Ia), 2005	A								A	C																								
Paek et al., (Ib), 2005	A								B	C	B		C																					
Paek et al., (II), 2005	A					A		A								D																		
Reid&Hogg(a), 2005	A															B													B					
Reid&Hogg(b), 2005	A																	D	D															
Reid&Hogg(c), 2005	A							C										D	D													B		
Meirick, 2005a	A				B																						D	D					B	D

注：在每一行里的不同字母表示报告中所显示的人们之间/中有统计上显著的第三人效果。"A/M" 对比表明所报告的是一个多元分析。"A/B/C/etc." 对比表明所报告的是一个单变量测试。

第九类目标他人是一个可识别的、以信息为参照的他人群体，这个群体通过他们与信息的关系来进行界定。戴维森（1983）的研究中硫黄岛上的非裔美国士兵以及德国空军飞行员被他们各自军队的领导定义为宣传信息的表面目标。事实上，在这种情况下，非裔美国士兵和德国空军飞行员成为相关的可识别的他人群体的唯一理由，是他们的领导认为宣传信息是专门为他们设计的。在这种语境下，他们是通过信息来界定的。

通过这种方式分析，他人群体可以被感知为或多或少与信息"密切相关"。这种"目标推论"被梅里克（2005a）定义为"群体在什么程度上被感知为一类媒体内容的目标对象，就感知他们受到的影响将更大"（p.823）。在这种情况下，了解所讨论的他人由哪些人组成，取决于人们对信息的了解以及对信息出现的语境的了解。就这一点而言，不同的人具有不同的能力。此外，他们在选择性地感知信息以及信息的语境时彼此各不相同。这就导致了在了解究竟谁是任何特定信息的目标（以及如何直接成为目标）方面会有所变化。

最后，笼统的他人是一个难识别的、以一般为参照的群体。他们是由无差别的人组成的集合，诸如"整个舆论"或"公众"。戴维森（1983）研究中普通的报纸读者和普通的选民是以一般为参照的他人的例子。在表 6.1 显示的研究中，参与者对所讨论的他人所作出的反应中有任何变化，都会是他们出于本能对"他人"概念作出回应的结果。

总之，这十类可以分为四大类可识别和不可识别的他人：

可识别的他人

- 以自我为参照
- 无参照
- 以信息为参照

不可识别的他人

- 以一般为参照

因为学者们已经开始探究社会距离推论，所以以一般为参照的他人受到了多元化分析。正如表 6.1 显示，33 个数据集中有 15 个数据集包含了以一般为参照的他人的第三人感知。特别是已经发表的研究将以一般为参照的他人的感知与所有以自我为参照的五个群体——人际关系、教育关系、群体关系、地缘关系以及年龄关系的感知进行了对比。此外，以一般为参照的他人的第三人感知已经与以信息为参照的他人或目标他人的第三人感知进行了对比。

自我—他人感知指标化

图 6.1 至图 6.6 是简单的元分析的结果。① 目的是为了发现以自我为参照、以信息为参照，以及以一般为参照的他人的相对的第三人感知。就是说，研究者在哪个他人的类别中发现了最大第三人感知？研究者在哪个他人的类别中发现了最小第三人感知？

以自我为参照的他人

图 6.1 到图 6.5 描绘了以自我为参照的他人和以一般为参照的他人的相对第三人感知。正如图中所示，人们似乎倾向于感知以一般为参照的他人要比以自我为参照的他人更容易受到说服性传播的影响。

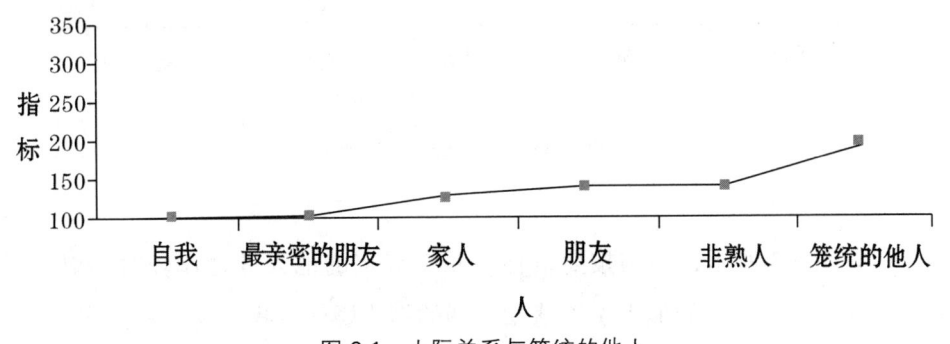

图 6.1 人际关系与笼统的他人

① 正如图中所示，研究者创建了指标。对自我所受影响的感知是每个指标数字创建的基础。不论在一个特定的研究中所使用的评定量表是什么，对自我所受影响的感知的分数被分到了每个研究报告的分数中。因此，自我评价被分给了自身，以100点作为指数。例如，指数150，表示一个报告的分数要比自我所受影响所报告的分数高出50%。指数200表示一个报告的分数要比自我所受影响所报告的分数高出100%。一旦每个个案的指数创建了，那么，他们的平均值就是这里报告的数字。所以，图6.1表明，在检验人际关系的所有研究中，"最亲密的朋友"被感知受到的影响要比自我所受影响高出1%，"家人"被感知受到的影响要比自我所受影响高出23%，"朋友/熟人"被感知受到的影响要比自我所受影响高出32%，"非熟人"被感知受到的影响要比自我所受影响高出27%，以及"笼统的他人"被感知受到的影响要比自我所受影响高出80%。

图 6.1 表明，当与按照人际关系来界定的他人进行比较时，用来作为刺激物的信息或媒介内容对以一般为参照的他人（笼统的他人）的影响要比对自我的影响高出 80%。相比之下，研究者发现，以自我为参照的他人所受影响的感知范围，从与自我几乎一样（最亲密的朋友）到大约比自我高出 30%（朋友和熟人）。心理关系上"最亲密的朋友"被感知要比生理关系上的"家庭成员"更像自我。有趣的是，研究者发现，受试者不认识的名人（非熟人）被感知受到的影响与朋友和熟人被感知受到的影响几乎一样。

当与按照教育关系来界定的他人进行比较时，以一般为参照的他人（笼统的他人）被感知受到的影响要比自我所受影响高出 100%（见图 6.2）。图 6.2 同样表明，大学生在他们自己和其他普通高校大学生之间看到了很大的相似性。对比之下，他们感知他们同班以及他们同校的他人受到的影响要比他们自己所受到的影响高出大约 60%。

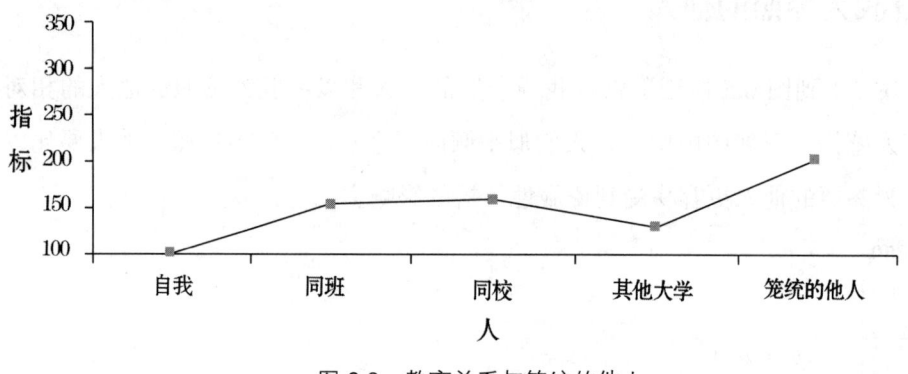

图 6.2　教育关系与笼统的他人

正如图 6.3 所示，当与按照群体关系来界定的他人进行比较时，以一般为参照的他人（笼统的他人）被感知受到的影响要比自我所受影响高出 30%。研究者发现，在外群体成员和以一般为参照的他人之间存在很大的相似性。有趣的是，内群体成员被感知受到的影响要比自我所受影响高出 20%——考虑到第五章中讨论的研究结果，这与我们可能预期的内群体和外群体之间的整体感知差异没有太大区别。

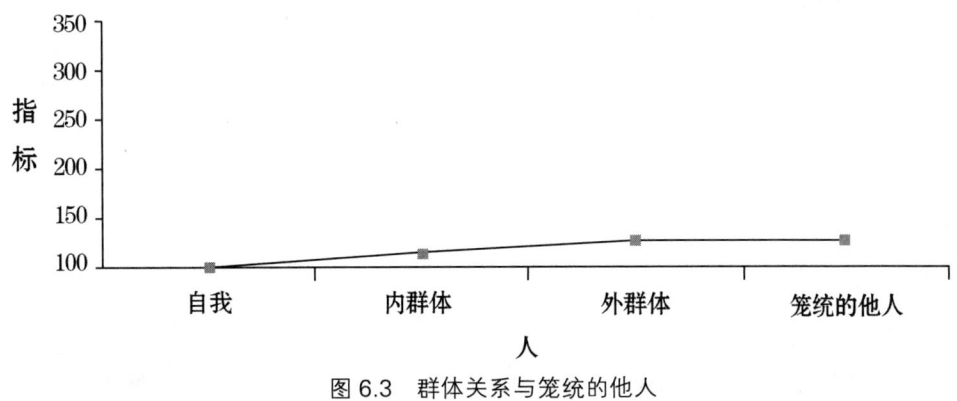

图 6.3 群体关系与笼统的他人

图 6.4 显示，当与按照地缘关系来界定的他人进行比较时，以一般为参照的他人（笼统的他人）被感知受到的影响要比自我所受影响高出 90%。那些与参与者同一个州的他人被感知与以一般为参照的他人类似，然而那些与参与者是邻里或同一国家的他人，被感知受到的影响比自我所受影响分别高出大约 30% 和 50%。

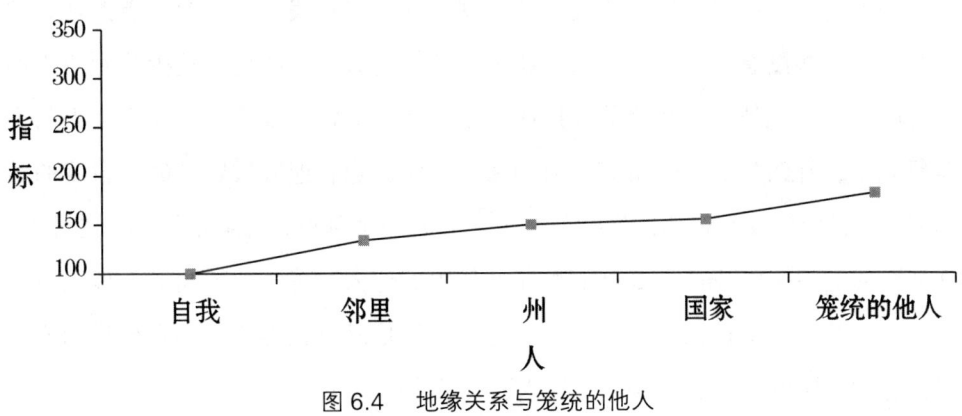

图 6.4 地缘关系与笼统的他人

正如图 6.5 所示，当与按照年龄关系来界定的他人进行比较时，以一般为参照的他人（笼统的他人）被感知受到的影响要比自我所受影响高出 100%。在逆向社会距离推论中，和自我年龄最接近的他人被感知要比那些比自我大四十岁的他人更容易受到影响，而那些比自我大四十岁的他人在易受影响方面与自我非常像。这可能是由于人们在同龄群体成员中要比在年龄大一些的群体成员中更可能进行更直接的自我强化比较。考虑到在研究中被问到"比自己大四十岁的人"的参与者是大学生，就有可能激发他们将自己的父母作为想象中年龄较大的他人。因此,和父母作向下比较要比和一些同龄人作向下比较更加困难。

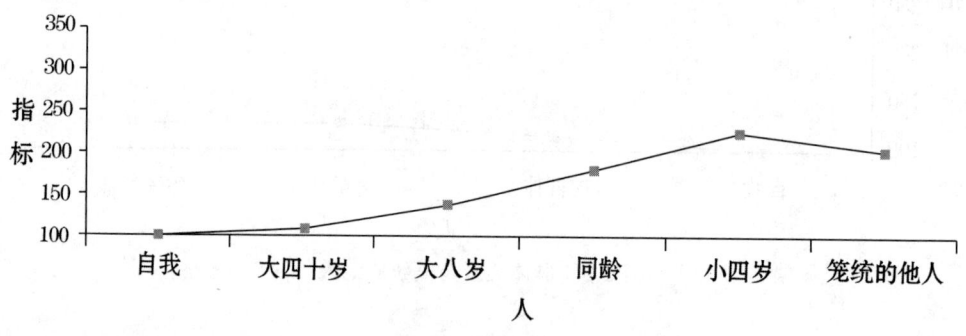

图 6.5 年龄关系与一般化的他人

我们可以合理地指出,图 6.1 至图 6.5 所描述的研究结果并不能代表在所有可能的情况下所有可能的受众所接触到的所有可能的信息所产生的所有可能的研究结果。他们只能代表这些已完成且发表的研究结果。[①] 另一方面,可获得的证据的模式相当明确。研究一致发现,那些将自我锚定为参照点的他人被感知要比那些没有被界定、因而不能锚定到任何参照点的他人更少受到说服性信息的影响。此外,可获得的证据倾向于支持社会距离推论。在关于他人的五类研究中,有四类他人的研究结果的模式表明,随着他人被定义的离自我的距离越远,被感知受到媒体的影响就越大。只有一个例外,就是年龄关系的分类。在那个研究中(Meirick,2005a),年龄较大的他人被感知要比同龄的他人更像自我。尽管出现这种社会距离推论的逆转,但是以自我为锚的他人被感知要比以信息为参照或以一般为参照的他人受到的影响更少。

那么,使用自我作为一个参照点来定义他人,似乎就会导致感知这些相同的他人所受信息影响相对较小。反过来,以一般为参照的他人倾向于被感知比那些以自我为参照的他人受到的影响更大。此外,识别不同社会距离层次的他人所必需的系统加工,似乎更胜于对以一般为参照的他人的启发式反应,因为随着识别他人与自我关系越紧密,感知他们所受到的影响往往就越小。

[①] 保罗(Paul)、萨尔文(Salwen)、杜培根(Dupagne)(2000)在他们的元分析中发现,在已经发表和未发表的研究之间不存在显著差异。

以信息为参照的他人

然而，以信息为参照的他人的相关研究结果有些不同。图6.6描述了以信息为参照的他人和以一般为参照的他人的相对第三人感知。不像以自我为参照的他人的模式，在这个案例中的人们倾向于感知以一般为参照的他人要比以信息为参照的他人较不容易受到说服性传播的影响。换句话说，那些不能被识别的他人被感知要比那些通过与信息的关系来定义的他人更少受到说服性传播的影响。

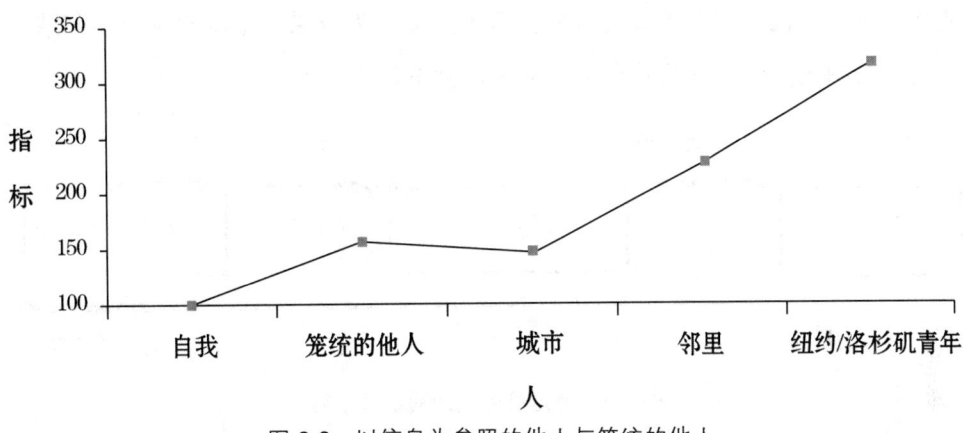

图 6.6 以信息为参照的他人与笼统的他人

社会距离推论认为，随着对他人的定义与自我锚定的联系越紧密，感知这些他人所受到的影响越小。在图6.1至图6.5中所描绘的研究发现的模式支持了这个想法。然而，我们对以信息为参照的他人进行的非正式的元分析表明了一个相反方向的模式。换言之，随着对他人的定义与信息锚定的联系越紧密，感知这些他人受到的影响趋向增加（见图6.6）。我们在社会距离推论语境下只发现了两个检验以信息为参照的他人的研究（McLeod, Eveland, & Nathanson, 1997; Neuwirth & Frederick, 2002），但是这些研究报告的结果显示了有趣的可能性。例如，人们用来锚定"他人"的参照点以及将"他人"与那个参照点锚定的紧密程度似乎决定了第三人感知。这里似乎存在一个第三人感知的连续体。在连续体的一端是以自我为参照点的，而在另一端是以信息为参照点的。

在两个端点之间是以一般为参照的他人。图6.7说明了我们所提出的连续体。

感知的影响连续体

当人们通过与自我的关系来定义他人时，不同的人所定义的他人实际上是不同的。当询问生活在蒙大拿州的博兹曼和马萨诸塞州的波士顿的人们，"生活在我的城市的人们"由谁构成时，他们所回答的人群是两种不同的人。因此，当第一种人对家庭成员、最好的朋友、同班同学、校友、邻居、城市居民，和/或本州居民等七组人进行第三人感知时，每一个第一种人都被要求去考虑不同组（有时是无定形组织）的人。当第一种人大概已经识别了所讨论的他人后，便开始进入形成第三人感知的过程。考虑到第三人效果的基本假设，研究结果倾向于表明我们所熟悉的社会距离推论也就不足为奇了。

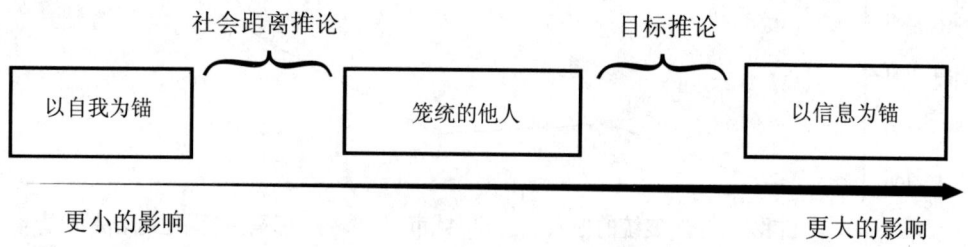

图6.7　通过参照感知的说服影响

相反地，那些被定义以及被识别为一个说服性信息的目标的他人构成了相对稳定的群体。换言之，一个生活在波士顿的人所认为的音乐电视（MTV）的目标受众，与生活在博兹曼的人所认为的音乐电视的目标受众几乎一样。对这些他人群体进行定义的锚就是信息。以信息为参照的他人被称为被信息锁定的目标群体。因此，考虑到自我不是定义所包含的部分，并且他人被称为信息所锁定的目标群体，从逻辑上来说，这些他人会被感知受到很大影响，这就为媒介效果模式的作用提供了一个实例（McLeod et al., 1997; Perloff, 1993b）。

在以自我为参照和以信息为参照的他人之间的是统称为诸如"广大公众"的他人群体，这些人我们称之为以一般为参照的他人。以一般为参照的他人被感知既不接近自我也不接近信息，他们没有定义锚。他们往往被感知比以自我为参照的他人受到的影响更大，但是比以信息为参照的他人受到的影响更小。

参照组的研究

为了检验这些论点,怀特(White)、安德萨格(Andsager)和克劳福德(Crawford)(2005)进行了一项研究。在这项研究中,对以自我为参照、以信息为参照以及以一般为参照的他人的第三人感知进行了比较。我们假设:

H_1. 通过信息,感知他人所受影响比自我所受影响更大。

H_2. 当使用自我作为一个描述性的锚时,感知以一般为参照的他人所受影响比以自我为参照的他人所受影响更大,而感知以自我为参照的他人所受影响要比自我所受影响更大。

H_3. 当使用信息作为一个描述性的锚时,感知以信息为参照的他人所受影响比以一般为参照的他人所受影响更大。

方 法

139名大学生参与到了一个实验室实验中。在这个实验中,他们将会随机接触到四种媒体信息中的一种。这些信息是以致力于推销个人电视节目的典型电视网站主页的形式和内容出现的。小组分配及电视节目如下:

- 第一组接收的信息是推广成为良师益友的亲社会效果。
- 第二组接收的是推广《谁敢来挑战》(*Fear Factor*)的网页信息。这个节目是一档游戏类真人秀,20至30岁的参赛者通过完成各种通常令人厌恶的、不建议在家里尝试的惊险动作来测试他们的勇气。
- 第三组接收的是推广美国消费者新闻与商业频道(CNBC)的网页信息,这个有线电视新闻频道专注于报道华尔街和其他金融话题。
- 第四组接收的是推广《杰瑞·斯布林格秀》(*Jerry Springer Show*)的网页信息,这个脱口秀节目的特色是邀请从事社会不能接受的行为的各种群体的人为嘉宾。

后两组复制了瑞德和霍格(2005)在斯坦福大学学生中所做的部分实验。

受试者同样被要求去思考六组他人群体。他们分别是：

- 与受试者同班的其他学生
- 与受试者同校的其他学生
- 在其他大学就读的学生
- 高中辍学学生
- 投资银行家
- 广大公众

与受试者同班、同校的学生以及在其他大学就读的学生是以自我为参照的他人的操作化。高中辍学学生和投资银行家分别代表着《杰瑞·斯布林格秀》和美国消费者新闻与商业频道的目标受众，也即以信息为参照的他人。广大受众是对以一般为参照的他人这一概念的操作化处理。

接下来测量的是受试者对以下内容的感知：

- 受试者与六组他人群体中每个组之间的相似程度（相似度，Similarity）。
- 自我与每组他人群体接触信息的程度（接触，Exposure）。
- 所感知的由于接触信息导致的自我与每组他人群体的态度变化程度（态度变化，Attitude Change）。
- 所预期的由于接触信息导致的自我与每组他人群体的行为变化程度（行为变化，Behavior Change）。

结　果

该研究的第一个假设相当于第三人效果的基本假设。为了检验 H_1，该研究进行了对人们（自我和六组他人群体）态度变化以及行为变化的单变量方差分析。检验结果都具有统计上的显著性：态度变化，$F(6, 958)=3.51$，$p<.01$；行为变化，$F(6, 952)=15.98$，$p<.001$。表 6.2 和表 6.3 显示了群体平均值和事后分析。正如这两个表中显示，在行为变化方面的检验结果要比在态度变化方面的检验结果更加支持 H_1，但是，检验结果整体趋向支持这个假设。

表 6.2 人的态度变化的平均值

人	平均值	N	SD
自我	3.22[a]	138	1.72
同班其他学生	3.64[a]	138	1.59
同校其他学生	3.61[a]	138	1.59
在其他大学就读的学生	3.73[a]	138	1.54
广大公众	4.12[a]	138	1.62
高中辍学学生	3.75[a]	137	2.01
投资银行家	3.75[a]	138	1.46

注：带有不同上标的平均值在事后分析中显著不同（多重比较调整：Bonferroni）。

第二个假设预期，受试者会感知以一般为参照的他人要比以自我为参照的他人受到信息的影响更大，并且感知以自我为参照的他人要比自我受到信息的影响更大。然而，在对 H_2 进行检验之前，有必要首先确认这个研究中以自我为参照的他人。这些他人以受试者的同班同学、同校同学以及就读其他大学的学生进行操作化测量。为了检验这些假设的有效性，在这六组相似度（Similarity）前测项目中进行了一系列配对样本 t 检验。正如表 6.4 所示，三组学生他人被感知与受试者"略微相似"。广大公众被感知既不相似也不相异。高中辍学学生被认为"不同"，投资银行家被感知"略微不同"。此外，在这点上，这三组学生他人群体被感知与自我的关系相似，与剩下其他组的他人群体的关系则不同。鉴于这些结果，为了进一步的研究分析，这三组学生他人作为这个研究中的以自我为参照的他人。

表 6.3 人的行为变化的平均值

人	平均值	N	SD
自我	2.00[a]	137	1.33
同班其他学生	2.76[b]	137	1.29
同校其他学生	2.89[b]	137	1.26
在其他大学就读的学生	3.12[b]	137	1.31
广大公众	3.69[c]	137	1.47
高中辍学学生	3.25[b,c]	137	2.02
投资银行家	3.16[b,c]	137	1.54

注：带有不同上标的平均值在事后分析中显著不同（多重比较调整：Bonferroni）。

表 6.4 人的相似度前测的平均值

人	平均值	N	SD
同班其他学生	4.71[a]	138	1.44
同校其他学生	4.64[a]	138	1.39
在其他大学就读的学生	4.78[a]	139	1.27
广大公众	4.22[b]	139	1.31
高中辍学学生	2.11[d]	138	1.15
投资银行家	2.53[c]	138	1.42

注：带有不同上标的平均值在配对样本 t 检验里显著不同（多重比较调整：Bonferroni）。量表评分说明：1= 非常不同，2= 不同（相异），3= 略微不同，4= 中立的，5= 略微相似，6= 相似，7= 非常相似。

表 6.5 显示了对实验分组七个态度变化项目的多变量分析的结果，$F(21, 387)=6.15$，$p<.001$，$\eta^2=.23$。表 6.6 显示了对实验分组七个行为项目类似检验的结果，$F(21, 387)=8.71$，$p<.001$，$\eta^2=.30$。正如表 6.5 事后分析的结果模式显示，当考虑的节目是 CNBC 和《杰瑞·斯布林格秀》时，发现了一些支持 H_2 的研究结果。然而，表 6.6 所报告的事后分析结果更加支持了第二个假设。

表 6.5 所感知节目对人的态度变化产生的影响的均值

人	节目			
	"良师益友"活动 (n=33)	《谁敢来挑战》(n=34)	CNBC (n=36)	《杰瑞·斯布林格秀》(n=35)
自我	3.67	2.79	3.64[a]	2.77[a]
	(1.42)	(1.65)	(1.85)	(1.71)
同班其他学生	4.00 [b]	2.94 [a]	3.97[a, b]	3.63[a, b]
	(1.48)	(1.50)	(1.58)	(1.63)
同校其他学生	4.00	3.00	3.81[a, b]	3.63[a, b]
	(1.48)	(1.55)	(1.57)	(1.67)
在其他大学就读的学生	4.15 [b]	3.00 [a]	4.03[a, b]	3.74[a, b]
	(1.37)	(1.53)	(1.53)	(1.66)

（续表）

人	节目			
	"良师益友"活动 (n=33)	《谁敢来挑战》(n=34)	CNBC (n=36)	《杰瑞·斯布林格秀》(n=35)
广大公众	4.36$_b$	3.29$_a$	4.75^b_b	4.03$^b_{a,b}$
	(1.17)	(1.59)	(1.26)	(1.45)
高中辍学学生	3.64	3.55	3.42^a	4.40^b
	(1.75)	(1.62)	(1.62)	(1.43)
投资银行家	3.36$_a$	2.50$_a$	6.06^c_b	2.94^a_a
	(1.19)	(1.79)	(1.30)	(1.75)

注：在每一列中，带有不同上标的均值在事后分析中显著不同。在每一行中，带有不同下标的均值在事后分析中显著不同（多重比较调整：Bonferroni）。均值下面的括号里是标准差。

第三个假设预期，受试者会感知信息对以信息为参照的他人的影响，要比对以一般为参照的他人的影响更大。尽管 CNBC 和《杰瑞·斯布林格秀》分别选择投资银行家和高中辍学学生作为以信息为参照的他人来操作化定义节目，但是还是有必要检验这些假设的有效性。表 6.7 显示了实验分组七个接触项目的多变量分析的结果，$F(21, 390)=10.46$，$p<.001$，$\eta^2=.33$。一个以信息为参照的他人被定义为一个被感知成为媒体信息目标对象的人。此外，一个被感知成为信息目标对象的人被定义为一个被感知要比其他受众成员更多地接触信息的人，并且是接触那个信息要比接触其他信息更多的人。考虑到这个研究中所采用的媒体节目的播放范围，表 6.7 中报告的研究结果表明，投资银行家确实是 CNBC 对应的以信息为参照的他人，并且高中辍学学生也是《杰瑞·斯布林格秀》对应的以信息为参照的他人。然而，表 6.7 也显示了广大公众成员在某种程度上同样被感知是《杰瑞·斯布林格秀》对应的以信息为参照的他人——这很可能是自我强化的产物。"良师益友"活动的公益广告或《谁敢来挑战》节目都没有发现对应的以信息为参照的他人群体。

表 6.6　所感知节目对人的行为变化产生的影响的均值

人	"良师益友"活动 (n=33)	《谁敢来挑战》 (n=34)	CNBC (n=36)	《杰瑞·斯布林格秀》 (n=35)
自我	2.55^{a}_{b}	$1.85^{a,b}$	2.43^{a}_{b}	1.37^{a}_{a}
	(1.33)	(1.20)	(1.60)	(.80)
同班其他学生	$2.21^{a,b}_{a}$	2.85^{b}_{a}	2.66^{a}_{b}	$2.63^{b,c}_{a}$
	(1.28)	(1.22)	(1.34)	(1.36)
同校其他学生	$3.27^{a,b}$	2.79^{b}	2.83^{a}	$2.69^{b,c}$
	(1.28)	(1.13)	(1.31)	(1.27)
在其他大学就读的学生	$3.55^{b,c}$	3.18^{b}	2.86^{a}	$2.94^{b,c,d}$
	(1.14)	(1.19)	(1.40)	(1.40)
广大公众	3.88^{c}	3.29^{b}	4.00^{b}	$3.60^{c,d}$
	(1.27)	(1.40)	(1.75)	(1.68)
高中辍学学生	$2.97^{a,b}_{b}$	3.27^{b}	2.86^{a}_{a}	3.89^{d}_{b}
	(1.63)	(1.26)	(1.39)	(1.48)
投资银行家	$2.88^{a,b}_{b}$	1.85^{a}_{a}	5.80^{c}_{c}	$2.06^{a,b}_{a}$
	(1.11)	(1.37)	(1.56)	(1.36)

注：在每一列中，带有不同上标的均值在事后分析中显著不同。在每一行中，带有不同下标的均值在事后分析中显著不同（多重比较调整：Bonferroni）。均值下面的括号里是标准差。

那么，回到表 6.5 和表 6.6，我们可以看到，当信息来源于 CNBC 的时候，研究结果完全支持 H_3，而当信息来源于《杰瑞·斯布林格秀》时，研究结果则是略微支持了 H_3。表 6.5 和表 6.6 均表明，投资银行家被感知要比广大公众更多地受到 CNBC 的影响。对于《杰瑞·斯布林格秀》来说，高中辍学学生和广大公众之间的平均差趋向于预期的方向，但是正如表中所示，事后分析在这些平均值之间没有显示出统计学上的显著性差异。因此，对于假设 H_3，研究只发现了模糊支持。

表 6.7 感知接触节目的均值

人	节目			
	"良师益友"活动 (n=33)	《谁敢来挑战》 (n=34)	CNBC (n=36)	《杰瑞·斯布林格秀》 (n=35)
自我	2.67$^a_{a/b}$ (1.59)	3.56^a_b (1.84)	2.97^a_b (1.68)	1.77^a_a (1.01)
同班其他学生	3.36^a_a (1.65)	4.56^b_b (1.27)	3.31^a_a (1.53)	3.91$^b_{a,b}$ (1.26)
同校其他学生	3.24^a_a (1.56)	4.65^b_b (1.07)	3.53^a_a (1.58)	3.80$^b_{a,b}$ (1.23)
在其他大学就读的学生	3.67^a_a (1.51)	4.85^b_b (.99)	3.83$^{a,b}_a$ (1.65)	4.00$^b_{a,b}$ (1.28)
广大公众	4.21^b_a (1.21)	5.27^b_b (.91)	4.86$^b_{a,b}$ (1.26)	4.49$^{b,c}_a$ (1.12)
高中辍学学生	3.76^a_a (1.73)	5.12^b_b (1.22)	3.11^a_a (1.78)	4.97^c_b (1.29)
投资银行家	3.21^a_b (1.23)	2.91^a_b (1.46)	6.67^c_c (.49)	2.06^a_a (1.21)

注：在每一列中，带有不同上标的均值在事后分析中显著不同。在每一行中，带有不同下标的均值在事后分析中显著不同（多重比较调整：Bonferroni）。均值下面的括号里是标准差。

讨 论

总的来说，这个研究中的假设预期，他人在本质上可以被定义为以自我为参照、以信息为参照或以一般为参照。此外，这个假设预期，以信息为参照的他人会被感知受到媒体内容的影响最大，而以自我为参照的他人会被感知受到媒体内容的影响最少，以一般为参照的他人被假定受到媒体内容的影响在上述两者之间。总体而言，这个研究结果支持了它的假设。考虑到这些研究结果，这里似乎存在一个第三人感知的连续体。在这个连续体的一端是以自我为参照点的，在另一端则是以信息为参照点的（见图6.7）。

第三人感知连续体的这个概念启发了特沃斯基（Tversky）和卡内曼（Kahneman）（1982a）关于概念锚（conceptual anchors）的想法。第三人感知是在不确定性状态下作出的评价。特沃斯基和卡内曼认为，不确定性下的判断可以基于对照的起点或者锚，而且判断偏向于锚的方向。

总　结

按照定义，第三人效果认为自我要比他人更少受到影响。如果使用自我作为定义他人的锚，那么这些他人被感知受到的影响应该相对较小。本研究以及其他研究发现情况确实如此。另一方面，如果使用信息作为定义他人的锚，那么这些他人被感知受到的影响应该相对较大，这里报告的研究支持了这一命题。

如果将这些论点应用于更为熟悉的第三人效果术语，那么被称为社会距离推论的现象可能就是使用自我作为锚的一种实例。此外，感知他人可能接触信息的概念（Eveland, Nathanson, Detenber, & McLeod, 1999）可能是使用信息作为锚的一种实例。当他人被感知与某一特定信息具有较强的规范拟合度时（Reid & Hogg, 2005），目标推论所阐释的也会是这样一种情况。那么，锚定（anchoring）的概念可能是对许多第三人效果研究结果的一种解释。它为第三人效果中对他人的感知提供了一个相对更为优雅的解释。

第七章
系统加工与启发式加工

❖ ❖ ❖

说服是一个由外部影响促进的内心过程（Perloff，2003）。这些影响是由专业和非专业的说服者以信息的方式创建和传播的。而这些信息包含了用来影响自由选择的态度和行为的符号操作和理性诉求。一旦接收，人们就会对这些操作和诉求进行启发式加工或系统加工（Chaiken，1980，1987；Petty & Cacioppo，1986）。

内心过程

正如佩洛夫（2003）所指出的，说服者真的不是通过语言或非语言信息的压倒性轮番轰炸来说服他们的目标受众的。他们通过为目标受众提供各种理由①使其同意接受一种特定的思维方式，来对目标受众产生影响。人们通过接受、拒绝或忽略说服者所说的话来对其所作的这些努力予以回应。"人们通过说服自己来改变态度或行为。传播者提供理由。他们设置诱饵。我们做出改变，或者拒绝屈从"（Perloff，p.10）。

然而，第三人效果是基于这种假设，即当面对说服时，不管我们是决定改变还是拒绝屈从，这一切都不是发生在真空里。相反，我们通常会考虑他人面

---

① 正如任何一个看过电视广告的人所了解的，同意接受一种特定的思维方式的"理由"不仅限于理性诉求。事实上，一个受雇帮助推销产品的特别迷人的代言人也可以成为人们购买产品的"理由"。同样的原则也适用于和说服性信息有关的其他外周线索。

对相同的信息会作出怎样的反应。（如果情况不是这样，每年时装设计师怎么能够销售全新款式的服装呢？）甘瑟（Gunther）和斯托里（Storey）（2003）关于假定影响的模式的论证正是基于这一假设，即假定人们"感知信息对他人产生一些影响，然后对那种感知作出反应"（p.199）。这些研究人员描述了一个针对尼泊尔医护工作人员的信息宣传运动。尼泊尔卫生保健系统及其服务提供者糟糕的公共形象是这场运动的主要驱动力。考虑到尼泊尔的经济状况（在信息宣传运动期间，尼泊尔在世界最贫穷国家中排名第十二位）以及尼泊尔的很多社区地处偏远，广播为接触目标人群提供了一种有效方式。当然，对广播的使用也同样意味着其他群体的成员，包括那些将会成为国家卫生保健系统顾客的人，也会接触到这些信息。

研究者本来预期信息宣传运动会提高卫生保健工作者的人际沟通能力，反过来也会改善整个系统的公共形象。但是，他们却发现了一个间接效果。甘瑟和斯托里（2003）将这种间接效果解释为五个步骤。

第一步，普通顾客观察并注意到信息宣传运动的内容，即使他们不是目标受众的一部分。第二步，这些人预期信息宣传运动对目标受众即诊所卫生工作者的影响，以及这些诊所卫生工作者所做出的相应改变。第三步，对变化的这些感知导致人们对卫生工作者职业素养产生了更加积极的期望。第四步，由于这种期望，人们对卫生工作者形成了更加积极的态度。最后，更加积极的态度导致顾客群体感知（甚至可能有助于）顾客—卫生工作者之间更加积极和富有成效的互动，并且在与卫生工作者打交道的过程中，顾客对他们自己的疗效也更有信心。（pp.211-212）

这是对人们自我说服过程的一个说明。一个并非预期目标受众的群体碰巧接触到这个信息宣传运动。由于这种接触，这个群体的成员说服他们自己，尼泊尔卫生保健系统已经有所改善。

这种内心说服的形式可以包括考虑和同意接受各种各样的理由。这些理由可能说明了采用一种所提倡的观点将会帮助解决、减少，或者可能避免一个问题。例如，广播广告中通常不仅包括了拥有产品的好处，诸如拥有一辆崭新的敞篷车的好处（它会让你的邻居产生嫉妒之情），还包括了没有拥有它的损失（总有一天你会后悔放弃了这个机会）。广告商也会不遗余力地解释购买他们的产品有多么方便。"只需登录"或"拨打800号码"或"12个月分期付款"等说法都是这种例子。广告通常尝试让消费者相信花钱消费商品和服务是一种愉快的体验。例如，一个管道公司在田纳西州克拉克斯维尔对它的服务内容进行广告宣传，不仅承诺安装你的管道，而且利用电台广告有韵律的短诗来吹捧管道工"不仅气味很好，而且准时出现"（根据多年经验……，2004）。广告都已经说得很清楚了，人们还会再问什么呢？

正如陈（Chen）、达克沃思（Duckworth）和柴肯（Chaiken）（1999）所解释的，一条说服性信息将以什么方式来被加工在很大程度上取决于接收者的动机。这些研究者认为，当受众遇到说服性信息的时候，启发式—语义的说服模式（Chaiken，1980）考虑到至少三种影响受众的动机。

准确性作为动机

出于对准确性的关心而被推动是说服的一个客观方法，这会导致接收者因为拥有可获得的最好信息来实现自我满足。信息的接收者会在寻求做出明智决定的过程中花费或多或少的认知努力，这取决于他们对准确性的渴望程度。随着对准确性的关心逐渐增加，人们愿意付出的认知努力也在不断增加。

例如，相信废黜萨达姆·侯赛因是2003年美国入侵伊拉克的充分理由的人，对陈述伊拉克有大规模杀伤性武器的情报的准确性或完整性（或缺乏）不太关心。而相信伊拉克战争是为世界除去拥有核武器的独裁者的人，会更加关心这些相同情报的准确性和完整性。第一类人会付出更多的认知努力来加工那些表明萨达姆是恶魔的信息，第二类人会更加仔细地审查表明伊拉克拥有大规模杀伤性武器的证据。

防御作为动机

当接收者因为防御的需要而产生动机，他们会尝试获取和他们已经建立起来的世界观和信念相一致的新信息来加强自我定义（self-definition）。"自我定义的信念和自我紧密相连，通常包含了一个人的价值观、社会认同或个人属性。自我激励的感知者为了维护自我概念，所以会选择性地加工信息"（Chen et al.，1999，p.45）。

印象作为动机

一个人当时所处的社会情境也可能作为其加工信息的动机。人们可能只为了展示自己对一些问题有见地的判断来给别人留下印象，从而积极主动地加工信息。"这种选择主要是为了满足社会目标而非维护自我定义的信念"（Chen et al.，1999，p.46），并非只是一个纯粹的内在动力。

这些例子表明，接收者——而不是传播者——影响了说服性信息加工的方式。接收者不同层次和类型的动机，连同其自身对信息不同程度的认知加工能力，解释了大多数信息加工方式的差异。

自由选择的态度和信念

说服通常会运用象征主义手法表达一个或多个诉求。在经典的第二次世界大战军队教育系列影片《我们为何而战》的第一部《战争前奏曲》（*Prelude to War*）中，卡普拉（Capra）和刘别谦（Lubitsch）（1942）在表现纳粹暴徒在柏林各处焚烧犹太会堂场面时，把美国的生活方式与几乎每一个主要的世界宗教联系在一起。紧接着是2001年9月11日美国所遭受的恐怖袭击，所有政治派别的候选人穿着印有美国国旗徽章的衣服（网络新闻主播也同样如此）。前一个例子努力将宗教理想的权威和对其的认可转移到美国的生活方式中，而将纳粹主义与这些相同理想的对立面联系在一起。后一个例子努力将美国理想的权威和对其的认可转移到个别政客身上。每个例子都试图使受众在脑海中联想起所选的影像。对于受众来说，他们可以自由地选择接受或拒绝所暗示的关系，或者对符号本身持有另一种看法。

与强制不同，说服发生在人们行使了自由意志并且同意接受说服性信息优点的时候。正如佩蒂（Petty）和卡乔波（Cacioppo）（1986）深思的可能性模式（elaboration likelihood model）所解释的，对于一条说服性信息的优点可以基于两组标准进行评价。第一，受众可以选择考虑说服性信息所提供的逻辑论证。提供大量具有逻辑性的证据作为人们相信某些事情或采取某些行动的理由，是对人们思考（或详细描述）信息说了什么的能力和动机的一种诉求。

受众也可以选择对佩蒂和卡乔波（1986）所定义的投反对票者，或"外周的"线索作出反应。这些外周线索本质上提供的认知较少，并且依靠人们对刺激习得的或自然的反应。例如，人们明显倾向于对明星有积极的反应。让明星担任电视广告的代言人就是一个利用外周线索来影响消费者的例子。除此以外，明星所说的广告词非常好地包含了大量促使人们购买所推销产品的充足理由。一旦这样做了，那么广告商不仅会利用积极的外周线索来影响人们，还会利用强烈的理性诉求。事实上，一个受众成员可能会选择首先注意到积极的外周线索（明星代言人），对这个线索作出积极的反应，然后选择注意商业广告台词中包含的逻辑论证并对其进行仔细推敲、深思熟虑。这就是"设置诱饵"的例子（Perloff，2003，p.10）。

思考一下美国全国广播公司长期播放的"*The More You Know*"系列电视公益广告（NBC，n.d.）。其中一则公益广告《和孩子一起阅读》（*Reading With Your Kids*）的在线版本中，以电影演员本杰明·布拉特（Benjamin Bratt），《日界线NBC》（*Dateline NBC*）新闻主播安·科里（Ann Curry）和《实习医生风云》（*Scrubs*）里的明星唐纳德·法森（Donald Faison）为主演形象。除了这三个名人以外，还给出了很多理由用以说明家长给孩子阅读是好的。在这些提供的理由中，有的理由认为，家长给孩子阅读可以使孩子改善在学校的表现，增加各种机会，并且扩大经济知识。出演该广告的名人没有一个是儿童发展领域的专家，他们只是扮演了受众可以对其作出反应的积极的外周线索。这无疑是希望受众能够通过阅读、思考并接受给孩子阅读是个好主意这一观点，来对其作出反应。尽管名人形象在本质上提供的认知较少，但是人们可以依据为孩子阅读的理由的强度、逻辑和功效来进行深思、分析和评价。

在启发式加工和系统加工之间做选择

我们可以在讯息提供的所有信息中自由选择，这种选择通常可以称为诉诸启发式加工或系统加工中的一种。系统加工是对说服性信息的逻辑论证进行深思熟虑。启发式加工是对和说服性信息联系在一起的刺激所作出的自然的或习得的反应。它也可以是对预先制定的用于立即作出判断的决策规则的依赖。

因为现代人的本质，所以这种双管齐下的或"双重加工（dual-process）"（Chen et al., 1999）的方法对与人交流来说具有重要意义。通常情况下，人们发现他们忙于关注自己的生活，简直没有时间对说服性诉求的优点进行必要的、仔细的评价。其他时候，人们又发现他们简直被信息淹没了。米勒（Miller, 1956）在对"神奇数字 7，正负偏差 2（magical number seven, plus or minus two）"（p.81）的论述中讨论了后一种观点。他推断，人类大脑能够在短期记忆中同时处理大概七个比特的信息。这个可以应用于尝试对包括很多逻辑论证的说服性信息进行评价的人身上。评价这样一种论证的可接受性需要消耗两个字节的信息存储空间。那么当对一个包括了 n 个单独论证的信息进行评价时，就需要 2^n 个字节的短期记忆存储空间来进行这一系列的决策。因此，当一个信息包含了三个或更多独立的论证时，就会超出米勒的神奇数字七的限度。

任何一个曾经尝试在研究方法课上解释统计事实的显著性，即抽样分布的均值等于总体参数的人，都会遇到米勒（1956）的神奇数字七。以下是对这种属性的一个具有代表性的解释：

- 如果抽样分布的均值就是总体参数，并且
- 如果抽样分布中 95% 的观察结果（调查结果）都在均值 1.96 个标准误差范围内，那么
- 我们可以 95% 地确定一个随机挑选的观察结果（调查结果）都在总体参数 1.96 个标准误差范围内。

每次只对这三点中的一点进行判断会是一个相对简单的工作。同时对这三点进行判断则会困难得多。

即使我们有能力对说服性论据进行评价，我们也会得出这样的结论，说服性诉求的话题真的不相关和/或不显著。例如，在总统选举前的几周，支持或攻击一个特定候选人的争论可能会受到选民的重视——尤其是当选民是政党的忠诚支持者并且这个攻击在本质上特别具有党派性时。（思考一下第六章讨论

的内群体和外群体在感知差异方面的研究发现。）然而，11月第一个周三的一大早，这种争论就失去了它们大部分的相关性。

因此，为了让受众在遇到说服性信息的时候能够投入认知努力，佩蒂和卡乔波（1986）认为，就必须让他们有深思的动机和这么做的能力。受众可能或多或少会花费时间真正仔细推敲所采取的某些提倡的观点的优点，这取决于他们思考的动机和/或能力。动机和/或能力水平变得越高，受众就越有可能会真正思考信息的论据。到最后，如果人们仔细推敲了，他们就是深思熟虑了。否则，他们可能以积极或消极的方式对和信息有关的外周线索进行回应。针对这一点，陈等人（1999）指出，当动机应用于说服过程时，要远比简单地在深思熟虑和缺乏深思两者之间做选择复杂得多。依据动机的类型（例如，准确性、防御或印象）以及那种动机的强度，人们可能会对一条说服性信息进行系统加工或启发式加工，或者这两种加工过程都包含其中。

启发式加工是利用决策规则进行判断。除非非常具有说服力的理由促使信息的接收者进行系统加工，否则接收者会优先选择这些决策规则。例如，卡乔波和佩蒂（1982）的认知需求被定义为人们的思考倾向和思考乐趣。一个《纽约时报》周日字谜游戏的普通猜谜者可能符合这个定义。这种人被认为对认知活动有内在的动机，并且因此会有理由对信息进行系统加工。促使接收者对说服性信息进行思考的外在动机包括，认为当地社区全民公投结果将会直接影响到人们的社区和个人财产的价值。在这种情形下，一个可能知道公民投票权是什么的"潜在"投票者，会将自己转变为一个"可能"的投票者，而这个投票者对公民投票权中所包含的每一个段落和章节都有所了解。然而，缺乏对说服性信息进行仔细推敲、深思熟虑的内在或外在动机的人们，就会选择心智怠惰，只会对他们遇到的说服性信息做一些必要的思考。

当人们的动机没能促使他们进行思考，他们就会选择依靠他们经年累月养成的一个或多个启发式。例如，一个人可能会对最近新上映的电影知之甚少。但是他可能注意到，这部电影是由汤姆·汉克斯（Tom Hanks）领衔主演，并且由史蒂文·斯皮尔伯格（Steven Spielberg）担纲导演。而且，如果这个人认为"从来没有一部由汤姆·汉克斯主演的电影是我不喜欢的"，并且相信"斯皮尔伯格从来没有导演过一部糟糕的电影"，那么这两个简单的决策规则就可能导致这个人购买一张电影票，花上两个小时的时间，坐在漆黑、闷热的电影院里，手里拿着热黄油爆米花和健怡可乐。

第三人效果中的系统加工和启发式加工

无论是依据一个值得信赖的或广受赞赏的信源的信息，还是一种决策规则，或是对说服性论据的仔细分析，或是这些方式的组合，说服都必然包括受众自由选择的概念。

启发式加工

受众说服自己并且拥有自由选择的观点，导致了对系统加工和启发式加工被应用于第三人效果的思考。说服的经典模式诸如麦圭尔（McGuire，1968）的矩阵模式，包括了信源、信息、渠道和接收者等因素，如果信息的发送者希望影响他们的受众，他们就应该考虑这些因素。如果信息的发送者在构建他们的说服性诉求时能够成功地评价和使用信源变量，那么受众也具有类似的能力就不足为奇了。换句话说，当他们对相同的说服性诉求作出反应时，他们有时候会选择考虑接收者变量。事实上，相关研究支持了这个想法。

弗莱斯德（Friestad）和赖特（Wright）（1994）认为，受众会从信息发送者的角度来"应对说服尝试"（p.3）。他们在市场营销语境中对说服进行了检验后指出，"消费者的说服应对知识使他们能够认识、分析、阐释、评价以及记住这些说服尝试，并且选择和实行那些他们相信会行之有效且合适的应对策略"（p.3）。我们认为，第三人感知是信息接收者有时会选择使用的一种应对策略。

消费者不仅扮演了说服目标的角色，他们还不时地扮演说服者的角色（Friestad & Wright，1994）。如果这个假设是正确的，那么受众就有能力了解接收者变量。例如，消费者作为电视观众，收看了汽车制造商的广告，他们就受到了这种说服性诉求所施加的影响。这种传播在本质上是单向的，经过一种选定的媒介渠道，从广告商到达受众。在这种语境中，受众只是作为信息的接收者，仅此而已。然而，假设受众中的一名成员去了汽车的销售点，仔细地看了看汽车，并且她已经进入汽车的购买流程中，发现自己开始和经销商的销售经理就购买的价格进行协商。这将导致双方出现相互交换意见的说服尝试情景，每一方都在努力地讨价还价，潜在的客户可能威胁要离开办公室，而销售经理则一再地强调月供是多么地少。人们就是通过这种方式使他们的说服应对知识既包括了他们自身说服知识的水平，也包括了他们对于其他人对说服艺术有多了解的感知。

因此，当受众选择去思考接收者变量的时候，这里的问题就成了他们使用了什么加工方式？研究发现，系统加工与评价的强度、所持有的态度的强度以及对行为强烈持有的一系列信念的数量相关（Griffin, Neuwirth, Giese, & Dunwoody, 2002）。系统加工也包括了思考说服性信息中所包含的论据的质量。有趣的是，更多（与更少相比）的系统加工并不总是导致人们出现积极的信息评价——即使是那些明显会乐于进行系统加工的人。

认知需求被定义为人们的思考倾向和思考乐趣，是促使人们进行被深思的可能性模型（Petty & Cacioppo, 1986）称为中央路径加工这种加工方式的内在动机。佩蒂和卡乔波使用了操作化的弱论证和强论证，发现那些认知需求高的人要比认知需求低的人会对强论证进行更加积极的评价，而对弱论证进行更加消极的评价。除此之外，他们发现，认知需求高的人往往花费更多的时间加工弱论证而非强论证。尽管认知需求高的人花费了很多时间加工弱论证，但是他们还是对强论证给予了更高评价。在表象层面上，后一项研究发现多少有些违反直觉。那些认知需求高的人被定义为是乐于进行认知活动的人。考虑到这个定义，我们可能会预期那些鼓励人们参与到令人愉快的活动中的目标，可能会得到相对积极的评价。但是当认知需求高的人接触到弱论证时，情况却并非如此。佩蒂和卡乔波发现，人们能够将对活动的感觉（思考）和对鼓励人们参与活动的目标（说服性信息）的评价区分开来。

米勒（Miller）和特塞尔（Tesser）（1986）的研究发现帮助解释了这种能力。他们发现，人们对一个对象越是深思熟虑，他们对这个对象的看法就越极端化。例如，亨弗莱·鲍嘉（Humphrey Bogart）的"粉丝"观看和分析电影《逃狱雪冤》（*Dark Passage*）越多，就越会对这个演员产生积极的评价。另一方面，尽管是同样的电影，那些认为所有与好莱坞有关的事情都是邪恶的、堕落的人，越是被迫观看这部电影,他们就越会产生消极的评价。以类似方式思考的"粉丝",对结构合理的说服性信息要比对构想拙劣的说服性信息持有更加积极的评价——即使弄清楚前者要比弄清后者投入的认知活动更少。

深思的可能性模型是基于这样的假设,即话题卷入(issue involvement)作为一种结构影响着信息接收者的态度和行为,这与认知需求非常相像(Petty & Cacioppo, 1986)。换句话说,一个人对一个信息话题的卷入越多(不管认知需求的水平),这个人就会对信息中包含的说服性论证进行更加严格的审查。更高水平的信息审查转而会导致对那些感知会得到相对较高评价的强论证,以及感知会得到相对较低评价的弱论证的极化评价。

那么,第二个问题出现了:不管语境如何,哪种加工将占主导地位,系统加工还是启发式加工?特沃斯基和卡内曼(1982b)认为,不管人们会对信息及其各种元素有任何深思熟虑的倾向,他们还是倾向于使用启发式加工来做出有效判断。例如,人们相信"小数定律(law of small numbers)"(p.23)以及"赌徒谬误(gambler's fallacy)"(p.24)。前者导致人们错误地假设,从总体中抽取的小样本与那个总体的特征相似。而人们对这样小的样本——样本之小就如同普通人中的一个人——进行过分概括的倾向并不令人惊讶,但是特沃斯基和卡内曼发现,训练有素的统计学家也容易在判断中犯这个错误。统计学家在担任他们的专业技术职位的时候不太可能会犯这个错误;如果会的话,他们会很快发现自己已经从事了不同的职业。统计学家更有可能是作为普通人在日常生活中犯这样的错误。

另一方面,赌徒谬误假设机会定律是公平的(Tversky & Kahneman, 1982b)。考虑到机会发生的信息,人们倾向于相信代表人口异常值的事件将会被相反方向上程度相等的一个或多个单独或者结合起来的事件所抵消。试想一下汤姆·汉克斯的"粉丝"在观看史蒂文·斯皮尔伯格最新电影的同时,吃着热黄油爆米花,喝着健怡可乐。赌徒谬误可以帮助解释这种有趣的饮食习惯。也许人们认为食用高热量食物的不良影响可以通过食用低热量的食物来抵消掉。赌徒谬误相信大自然会提供平衡。对我们的电影"粉丝"来说,他只是提供了他自身的平衡。

这种现象是人们倾向于基于代表性来做判断的结果(Tversky & Kahneman,

1982b）。换句话说，人们通常用他们在周遭环境中感知到是真实存在的东西来预测特殊情境下可能发生的事情。如果我们透过归因理论的视角来思考这种倾向，那么似乎就是鉴于人们依靠他们感知的真实来进行评价，他们假定他人不会——他人为此甚至不会费心去评价他们的环境，而只是依靠固有的，可能是启发式线索来操作。

那么，就代表性而言，第三人感知就是人们通常所认为的关于他们的环境是真实存在的事情。他们通常认为他们要比他人受到说服性传播的影响更少。然而，第三人效果文献也表明，人们所感知的他人所受的影响程度的不同，取决于他人是谁（第六章）。那些他人越难以识别，感知的差异可能就越大。那么，广大公众则难以区分，在本质上太笼统以至于无法代表或共享任何事物的特点。这使得人们在对公众所受到的信息影响进行评价的时候，没有什么可以依靠而只能依靠启发式加工。

第三人感知是"在不确定性下进行社会判断的表现"（Paek et al., 2005, p.145）。确实，按照定义，缺乏某种程度的不确定性，人们似乎是不可能作出第三人效果判断的。不论人们在心理上可能会有多么亲密，也没有人敢确定知道他人将会怎么想或怎么做。当一个人被要求去思考被称为"广大受众"的他人时，这种不确定性的水平将会被最大化。再加上缺乏关于消息的有效性的信息，这种无组织不定型的他人将会迫使人们使用"不太理想的认知策略（less-than-optimal cognitives strategies），结果导致'第三人感知'"（Paek et al., p.144）。设计心理测量理论课程就是为了培养未来的研究者学习建立测量结构效度的技术。如果博士生证明他们确实在测量他们所认为正在测量的态度，都必须具备诸如因素分析和因果建模等技术才行，那么相信外行能够确定他人在想什么能有多现实呢？

需要进一步考虑的是理解第三人感知在本质上是非理性的。至少从宏观层面上说，第三人感知和第三人效果这些概念确实是非理性的。正如蒂德格（Tiedge）等人（1991）指出，每个人都认为他人要比自己更多地受到说服性信息的影响是正确的，这在逻辑上是站不住脚的。此外，这些在不确定性下作出的判断是由启发式或决定规则辅助完成的（Tversky & Kahneman, 1982a）。在这种情况下，最大的不确定性水平（考虑到广大公众）导致中等水平的第三人感知。

有三种解释可以说明所感知的信息对自我和他人产生的影响之间的差异（Perloff, 1993b）。人们会高估信息对他人的影响，低估信息对自我的影响，或两者皆有。佩洛夫（Perloff）认为，人们在特定的不确定性的情境下作出这样的评价，偶尔会依靠媒介效果模式的启发式。"这些信念有可能包括认为电视信息施加了强大的影响，生动形象的信息具有说服力，信息戏剧化的表现形式强烈影响态度，以及受众容易轻信、易被说服。"（p.177）这种模式与自我强化的欲望或认为媒介对自我没有产生影响的信念相互作用产生了感知差异。每一个概念都是启发式的。媒介效果模式实际上是人们可以使用的决定策略——在心理层面上不了解自己是一种情境，在这种情境中，人们在不确定性下作出关于他们自己的决定。维护自己的偏见需要使用一个积极的自我形象作为判断规则，通过这个判断规则来对信息进行阐释。

通过使用说唱音乐和重金属音乐对负面媒体内容进行操作化处理，埃夫兰、内桑森、德坦波和麦克劳德（Eveland, Nathanson, Detenber, & McLeod, 1999）检验了负面媒体内容所感知的影响，对此，他们将第三人感知的研究发现解释为，是感知各种各样的他人群体接触媒介内容的可能性的差异的结果。归因理论认为，"人们意识到了负面媒体内容，也意识到了消极的社会态度和行为，并且认为接触这种负面内容会导致负面的效果"（p.297）。因此，埃夫兰等人认为，如果是在特定的情况下而非在通常情况下，感知特定群体成员会接触到负面媒体内容，这会导致人们支持审查。

自我归类为这些研究发现提供了另一种解释。人们试图确定规范拟合度在他们自己、他人和信息之间所处的位置，"以及群体成员的行为与那些归类是规范一致的"（Reid & Hogg, 2005, p.131）。规范拟合度的概念与特沃斯基和卡内曼（1982a）的代表性（representativeness）概念非常相似，而且规范拟合度的概念对于瑞德和霍格在论证支持自我归类对第三人效果的解释方面至关重要。"使用拟合度原则来预测任何给定的原型将在什么时候以及在什么程度上成为自我定义的一个显著依据就相对简单了"（Reid & Hogg, p.132）。这些定义也同样是一种启发式。

无论是感知的社会距离、感知的接触、归因理论，还是自我归类，研究者提供的每一种用以解释所感知的各种各样的他人群体受到的不同程度的影响，都可以被称为一组内在化的判断规则,当人们评价信息对自我和他人所产生的影响时,他们将求助于这组规则。

这些判断规则存在于大量的信息变量之中,当信息的接收者对一个说服性诉求作出反应的时候,他们可能会也可能不会选择考虑这些规则。不像很多信息变量,对他人的特定启发式一直存在。换句话说,在大众媒介传播的语境下,人们意识到他人也会接触到传播。然而,尽管传播无所不在,人们也不一定每次一看到电视广告就会立即考虑其他观众可能会做什么。正如人们能够忽视电视广告中的代言人是谁,他们也能够忽视他人可能注意信息所说的内容这一事实。只是在某些语境中或在某些条件下,考虑他人可能会如何反应才变得显著。

在20世纪80年代早期发生了这样一个例子,当时椰菜娃娃(Cabbage Patch Kids)——惹人喜爱的圆脸玩偶——首先在美国流行起来。零售广告在前一天刚宣布装运的玩具即将到货,第二天早上各大商店一开门,就发现早有消费者惯常地在商店门口露营排队等着购买(Nakahara, 1983)。这些露营者当然是根据他们感知其他购物者在听到这个消息后会怎么做,才作出了这样的反应。并且这些露营者是对的。新闻报道(e.g., Nakahara)称,在充满和平、爱意和佳音的季节里,在时尚购物中心发生了骚乱。当然,这种情况并不总是发生。通常情况下,零售广告会导致消费者的冷漠回应,这些消费者会选择忽视其他购物者也是促销活动的目标对象这个事实。

鉴于可获得的证据,第三人效果的感知成分似乎是一种启发式加工,当信息接收者对说服性诉求作出回应的时候可以对其加以选择利用。第三人感知可能会成为人们选择要对说服性诉求作出怎样回应时所考虑的因素,这取决于说服尝试的语境、他人会怎么想的显著性和/或他人会怎么想的相关性。

系统加工

如果第三人效果的感知成分是启发式加工,那么行为成分又是什么呢?它是启发式加工或系统加工的结果吗?作为外周线索的感知成分可以作为中央路径加工的动机,然后导致持久的态度变化和行为矫正吗?例如,如果感知成分包含了启发式加工,并且行为成分是系统加工的结果,那么人们会同时进行这两种加工吗?

一个解决这些问题的更好的方法，就是根据已经确立起来且通常被广泛接受的说服模式来对其进行检验。不管第三人效果是什么，如果它成为已有的说服文献的一部分，就必须与已知为真的说服过程相兼容。

不论是说服的启发式模式（Chaiken, Liberman, & Eagly, 1989）还是深思的可能性模型（Petty & Cacioppo, 1986）都假设，持久的态度变化和任何由此产生的对行为的影响都是系统加工的结果。佩蒂和卡乔波认为，一个深思的连续体（elaboration continuum）描述了人们从事系统加工的水平和程度："当条件培养了人们对相关话题进行思考的动机和能力时，据说'深思的可能性'会较高。这就意味着人们可能会注意到这个诉求，尝试通过外部或内部信源获取相关的信息，仔细审查信息并且根据其他可获得的相关信息对这些信息论据作出推断，基于分析得出关于论据优点的结论从而提出建议；并且得出一个对建议的总体评价或态度。"（Petty & Cacioppo, p.7; emphasis added）存在于外部可用的以及附加的相关信息中的是人们对他人在接收到相同信息时可能会怎么做的感知。

无论说服的语境是什么，人们都有可能考虑其他人可能会怎么做，但是第三人效果研究表明，不同的信源和信息的类型引起的第三人感知水平不同。例如，研究发现暴力或歧视妇女的内容要比具有争议性的新闻事件引起的第三人感知更强烈（见第三章）。信息变量诸如话题可以引发系统加工或启发式加工，而且它们可以影响人们对他人接触信息可能性的想法，这也影响了人们对他人所受信息影响的评价。最后，"变量以一种相对来说有一定偏见的方式影响信息加工，这可能会对相关话题的思维尝试产生一种积极或消极的动机和/或能力偏差"（Petty & Cacioppo, 1986, p.19）。按照这种方式分析，信息类型会产生广泛且不同程度的感知差异就不足为奇了。

当陈等人（1999）认为人们在加工说服性信息的过程中受到了三种动机的推动时，也作出了类似的断言。对准确性的需求会导致人们对信息进行客观加工。另一方面，防御需求——渴望维护自我概念——会导致人们对信息进行偏差（有利于自我的）加工。印象动机，即渴望在各种各样的社会情境中被他人视为是积极的形象，会导致由社会情境决定的有一定偏见的信息加工。

按照佩蒂和卡乔波（1986）所说，客观加工是"自下而上"的认知，人们在这个过程中收集数据并且使用归纳推理作为范式得出结论。偏差加工是"自上而下"的认知，在这个认知过程中找出对已被采用的结论的支持。这种必然结果充当了引导信息加工的决策规则或启发式。相反地，客观的自下而上的加工缺乏任何这种决策规则，而且更可能会引发系统加工。

此外，研究表明，人们要用从说服性讯息中收集到的信息以及任何从外部信息源收集到的附加信息做什么，在很大程度上取决于他的动机。例如，当股票交易员阅读一份关于新发行股票（IPO）的说服性信息时，对准确性的需求可能是他的动机。除了考虑与 IPO 相关的信息，这个股票交易员还会考虑其他股票交易员在知道了相同信息时可能会做什么。说服理论表明，在这种第三人效果的语境中，股票交易员会对所有可获得的信息进行系统加工，然后基于他（她）的推论采取行动（现在投资或等待，也可能在另一个时间投资）。

如果一个人的动机是对维持自我概念的需求，那么这个人更可能会进行启发式加工。一个骄傲的终身民主党人看到一条显然由共和党全国委员会（Republican National Committee）赞助的政治信息，很可能得出这样的结论，即共和党选民受到这个信息的影响要比他自己受到的影响大得多。不管这个信息的实际细节如何，如果民主党人不相信共和党人会受到更大的影响，他就不可能维持他的自我概念。尽管民主党人可能已经得到了一个准确的结论，但是说服理论表明，在这种第三人效果的语境中，人们将会进行启发式加工。

最后，如果一个人的动机是要给她新结交的朋友留下印象，她也可能会进行启发式加工。作为从新朋友那里获取信息的接收者，她会根据她事先形成的最有效融入群体的信念预期来规范她的语言和非语言反应。作为信息的发送者，她可能会以一种方式来规范她的行为，不禁让人想起了沉默的螺旋理论（Noelle-Neumann, 1973, 1980）。研究也确实有支持第三人效果与沉默的螺旋在影响舆论方面有内在联系的相关发现（Willnat, 1996）——在一个比我们的研究个体和她的新朋友更大的研究范围中。

说服的双重加工模型预测，由系统加工导致的态度变化"要比主要由启发式加工导致的态度变化表现出更大的时间持续性、更大的行为可预测性以及更大的反说服抵抗"（Petty & Cacioppo, 1986, p.21）。鉴于本章中所讨论的概念，由此得出结论，第三人效果的行为成分在一定程度上实现了，这是系统加工而非启发式加工的结果。并且，考虑到第三人感知的本质——一种启发式加工，实现第三人效果的行为成分要比实现感知成分相对罕见。换句话说，不仅是说感知成分是行为成分的必要但不充分条件；而且，同时利用启发式加工和系统加工是有必要的。

尽管大量的研究已经找到了对第三人效果感知成分的数据支持，但是所发表的支持行为成分的研究数量相对较小。人们已经发现第三人效果的感知成分是一种强大的现象（Paul，Salwen，& Dupagne，1999），然而行为成分仍旧是一个相对难以实现的目标，这就支持了这个想法，即一个是简单的启发式加工的结果，而另一个是需要付出更多努力的系统加工的结果。

总　结

纽沃斯（Neuwirth）、弗雷德里克（Frederick）和梅奥（Mayo）（2002）认为，当检验第三人效果的时候，使用包含在启发式—系统模式中的"信息加工方式的措施"是有用的。我们提出的一个主要论点是，第三人效果是说服发生的一个独特语境。鉴于这个假设，我们同意纽沃斯等人的看法。如果第三人效果真的是众所周知的说服的一部分，那么它应该与当前的说服理论相符合。双重加工理论诸如深思的可能性模型和启发式—系统模式在当代说服文献中是非常重要的。

研究表明，第三人效果的感知成分倾向于显示启发式加工的特征。当感知成分出现，第三人效果的行为成分似乎表现为在本质上更加系统的加工。研究者已经对这种看似支持第三人效果感知成分的证据非常丰富而支持行为成分的证据较为缺乏的情况感到深为困扰。当然，有联系不代表一定就是因果关系，但是很有意思的是，我们注意到在更普遍的说服语境下，似乎与感知成分联系在一起的启发式加工，要比与行为成分联系在一起的系统加工更经常发生。

第三人感知对人们行为影响的程度，也许就是人们对他们第三人感知的显著性进行深思熟虑所花费的时间和投入的努力的一个函数。

第八章
理解第三人效果
作为说服的一种特殊语境

❖❖❖

自我—他人比较的概念是戴维森（1983）第三人效果假设的核心。第三人效果的研究者—例如，佩洛夫（1999）—已经将做这种自我—他人比较的动机称为自我强化的欲望。换句话说，学者们已经发现，人们一般都喜欢自我感觉良好。我们作为社会化的动物，能够进行自我强化的方式之一就是在与我们周围的人比较中创造对己有利的比较。自我强化可以通过多种方式来实现。人们可以通过高估自我来实现，也可以通过低估他人来实现，抑或将这两种方式结合起来，高估自己的同时低估他人来实现自我强化。所以，不管采用哪种方法产生自我—他人比较，自我强化的欲望是人们陷入第三人效果的主要动机之一，最终导致了感知差异。

第三人效果的三种方法

有一组完全不同的概念来自促使人们进行第三人感知的动机中，这些概念就是人们在做这些自我—他人比较时所采用的方法。在这些提出的方法中，自我归类（self-categorization）就是其中的一种，瑞德和霍格（2005）将其描述为这样一种现象，即"人们亲自将那些他们可获取的、易接近的类别内在化，尤其是当那种类别是存在于社会环境中的认知现状，并且群体成员的行为与那些类别规范一致"（p.131）。一种媒体内容越被视为与一个人的内群体具有"规范拟合度"（p.131），这种媒体内容就越可能被感知影响了自我而非他人。这将是第一人感知。一种媒体内容越被视为与外群体具有"规范拟合度"，这种媒体内容就越可能被感知影响他人而非自我，这将是第三人感知。

人们可以将这个概念扩展到整个社会环境。这样做会导致出现以下论证：当人们感知在他们的社会环境中的群体越来越多时，那么自我—他人比较就变成模糊不清而非简单的内群体/外群体的二分法。换句话说，群体会沿着一个连续体延展。在连续体的一端是一个以自我为原型成员的群体，在连续体的另一端是一个以自我为反原型成员的另一个群体。后一个群体与自我没有任何共同特征。媒体内容的形式反而被感知与这个连续体上的群体具有或多或少的规范拟合度。正如图8.1所示，第一人与第三人感知将表现为从两个维度落在连续体上的相对可能性。所研究的变量包括自我的特征、他人的特征和信息的特征。取决于这些变量之间的规范拟合度的组合，将出现第一人效果、第三人效果或零效应。

海军陆战队和大学教授的例子说明了这一点。一名海军陆战队的教官最有可能感知他自己是海军陆战队的原型成员。另一方面，这名教官可能认为他自己与加州大学伯克利分校的终身教授群体具有较差的规范拟合度。采用类似的方式，加州大学伯克利分校的政治学教授最有可能感知他自己是他们大学教师群体的原型成员，但是与海军陆战队的教官群体具有较差的规范拟合度。介于这两者之间的是数不清的他人群体。被定义为在空军、陆军、海军服役的士兵群体是一个例子。被定义为在中西部和东南部大学任教的教师群体是另外的例子。

尽管教官可能不是原型的飞行员、士兵或海员，但是他依然与上述每一个群体都具有较强的规范拟合度。尽管加州大学伯克利分校的教授不是其他大学教师的原型成员，但是他依旧与这些大学教师群体都具有较强的规范拟合度。因此，当教官认为信息不仅与海军陆战队具有规范拟合度，而且还与空军、陆军、海军具有规范拟合度时，教官就会感知自我受到了影响。如果一个政治学教授所接触到的信息与位于伊利诺伊州和佐治亚州的大学的教师也具有规范拟合度时，那么这个教授也会感知自我受到了影响。

举例来说，对设备进行维修并对已经完成的维修进行准确记录是军事专业主义的一个重要部分。如果一则说服性信息突出地显示了与篡改维修记录有关的问题，那么这则信息将可能会影响教官，即使这个信息是对空军轰炸机的维修进行准确记录而言的。

学术专业化的一个重要部分是关注抄袭问题。一则讨论与抄袭有关的问题的信息很可能会影响加州大学伯克利分校的教授，即使这个信息是就位于东海岸大学里所发生的作弊问题而言的。

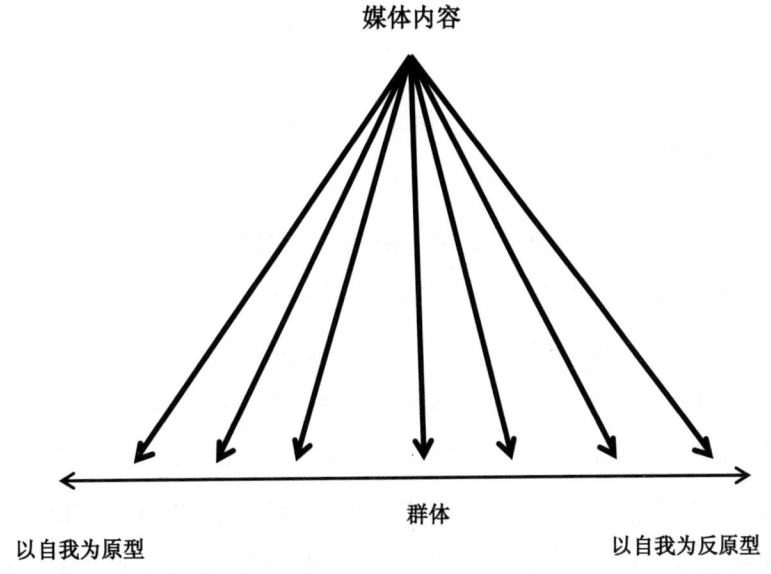

图 8.1　自我归类方法

注：自我归类从两个维度解释了感知的媒介影响。在第一个维度中，群体被定义为与自我的规范拟合度从强到弱。在第二个维度中，媒体内容的形式被感知与不同群体的规范拟合度从强到弱。一个特定的媒体信息被感知对某些群体的影响要比对其他群体的影响更大，这取决于它与该群体的规范拟合度。第一人效果或第三人效果的出现，取决于自我与群体的规范拟合度。

学术抄袭和军用飞机维修记录的篡改同样都是道德缺憾的表现。每一个都是一种说谎的形式。此外，这些活动被认为主要违反了各自机构的行为准则。尽管如此，海军陆战队的教官可能会感知抄袭信息对自我的影响不大，而教授也会感知维修记录的信息对自我的影响不大。

第一人或第三人感知是否出现，取决于信息的组合以及他人的对照组。例如，被感知与海军具有规范拟合度的信息，如果他人的对照组是加州大学伯克利分校的教授，会导致海军陆战队产生第一人感知。然而，如果他人的对照组是海员，那么海军陆战队可能会产生第三人感知。以类似的方式进行推论，如果信息的目标对象是在佐治亚州教学的教师，他人的对照组是海军陆战队的教官，那么这会导致加州大学伯克利分校的教授出现第一人感知。不过，另一方面，如果他人的对照组是佐治亚大学的教授，那么更可能会出现第三人感知。

考虑到文化的多样性和广泛性，应当提出的一个合理假设是人们能够识别出更多的外群体而非内群体。同样，人们感知大量的信息与外群体具有规范拟合度而非与内群体，在很大程度上是因为多元社会是由更多的外群体而非内群体组成的。因此，大量的传播语境会导致第三人感知而非第一人感知。

接触的可能性

在自我归类这个概念被提出来的前几年，埃夫兰、内桑森、德坦波和麦克劳德（1999）认为，感知接触媒体内容的可能性是第一人或第三人效果的一个预测指标。这项研究发现和至少一个其他的研究（McLeod, Eveland, & Nathanson, 1997）认为，对媒体影响的感知是"基于接触媒体内容的可能性和/或频率的推断"（Eveland et al., p.290）。正如埃夫兰等人指出，为了对接触的可能性进行评价，所讨论的人（包括自我和他人）都必须是可识别的群体的成员。

这里的基本原理是，人们往往倾向于感知不同的群体或多或少可能接触到媒体内容。媒体接触习惯、个人媒体信息的内容以及在研究中的群体的特征，都可能结合在一起产生这样的感知，即某些群体更可能接触到某些媒体内容，而其他群体不太可能接触到这些媒体内容。那么，媒体影响的感知是基于传播效果的"朴素理论（naïve theory）"（Eveland et al., 1999, p.290），即简单的媒体接触会对人们的行为产生直接并且强大的影响。因此，一个群体越可能被感知接触到某种形式的媒体内容，那个群体就越可能被感知受到那种媒体内容的影响。

有趣的是，由自我归类假设提出的规范拟合度的概念与埃夫兰等人（1999）提出的感知接触的可能性的概念相契合。在后者的情况中，群体被描述为沿着一个连续体延展。然而，这次这个连续体被定义为感知接触的可能性，在连续体的一端是感知接触的可能性很小，在连续体的另一端是感知接触的可能性很大。图8.2说明了这种关系。

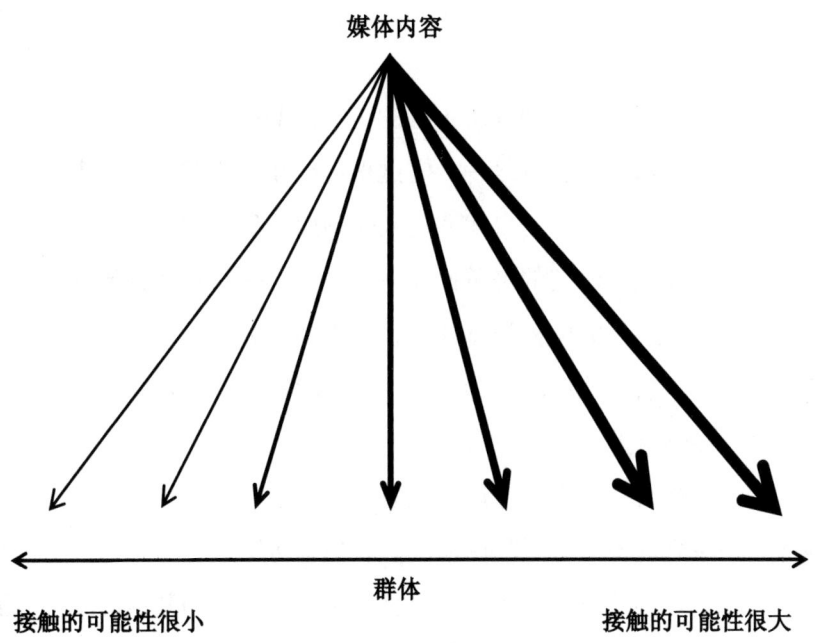

图 8.2. 感知接触的可能性

注：群体沿着一个连续体延展。在连续体的一端，群体被认为接触媒体内容的可能性很小。在另一端，群体被认为接触媒体内容的可能性很大。箭头的粗细表明所感知的媒体对群体的影响，箭头越粗，表明感知的影响越大。

根据这种观点，被要求思考新马克思主义文学作品的影响的海军陆战队教官，会感知海军陆战队战友接触这种文学作品的可能性很小，但是加州大学伯克利分校的政治学教授接触这种文学作品的可能性极大。因此，教官会认为新马克思主义文学作品对海军陆战队战友的影响很小，对加州大学伯克利分校的政治学教授的影响很大。

提出将感知接触的可能性作为一种对第三人效果过程的解释的研究者，主要关注的是负面的媒体内容——例如，暴力重金属音乐歌词、宣扬歧视妇女的说唱音乐歌词以及暴力电影。他人群体被感知比自我更可能接触到这种形式的媒体内容。如果媒体内容在本质上更亲社会，那么一个合理的假设将会是自我可能被感知更可能接触到这种形式的媒体内容，并且自我因此受到这种内容的影响更大。接触的可能性与前面所提及的自我归类是完全不同的一个概念。但即使如此，人们有理由认为，随着媒体信息的规范拟合度的增加，所感知的群体对那个信息的接触的可能性也会增加。

社会距离

由科恩、穆茨、普赖斯和甘瑟（1988）提出的社会距离推论，是最先对自我—他人比较进行描述的尝试之一。它这里所描述的论题是，随着所比较的他人定义越来越笼统，所感知的自我和他人受到媒介的影响之间的差异也就增加了。换句话说，当正在研究的是负面媒体内容时，那么自我被感知受到的影响最小。和自我共享属性的群体被感知比较受影响。和自我共享较少属性的群体被感知越来越受影响。最终，正如图8.3所示，笼统界定的群体诸如"广大公众"，被感知受到的影响最大。

再次假设，教官被要求思考新马克思主义文学作品的影响，但是这次所比较的他人是一系列其他海军陆战队队员、其他退伍军人，不是退伍军人的他人以及广大公众。社会距离推论预测，教官会感知他自己和其他海军陆战队队员受到的影响最小，其他退伍军人比较受影响，不是退伍军人的他人受到更大的影响，广大公众受到的影响最大。

共 向

社会距离、接触的可能性以及自我归类等概念结合在一起得出了大量的结论。第一，正如社会距离推论指出的，当所感知的自我和他人之间的差异增加时，所感知的媒体对他人影响的可能性也增加了。第二，正如接触的可能性指出的，用来评价自我与他人差异的一个变量，是所感知的自我和他人分别与特定形式的媒体内容的关系。第三，正如自我归类指出的，人们往往倾向于使用原型，要么是真实的要么是想象的，来定义所比较的他人。如果人们把媒体内容看作是一个"对象"，并且自我与原型的他人是一对二分体，那么就会想到共向模型（the coorientation model）（Chaffee & McLeod，1968）。

正如图8.4所示，共向的概念模式（McLeod & Chaffee，1973）假设，一个人A［麦克劳德和查菲称之为山姆（Sam）］思考和评价一个对象（O_1）。这个对象对于山姆来说不是存在于知识的真空中。对这个对象的属性进行评价，涉及一整组与它相关的其他对象（O_n）。山姆或多或少会对 O_1 给予好评，这取决于他所选择去思考的其他对象组的属性。按照由这种结构和方法决定的方式，山姆对这个对象建立了一整套认知。例如，如果山姆准备在市场上购买一辆新车，他可能会对"越野车（SUV）"这个对象进行认真考虑。如果山姆也要考虑汽油消耗量和温室气体排放等属性，那么他可能会对SUV产生一些负面的评价。另一方面，如果山姆要考虑承载能力和个人安全感，那么他可能会对SUV的评价更加正面。在每一种情况下，SUV都是相同的对象。在这两种情况中不同的地方，就是山姆所选择去考虑的SUV的属性。

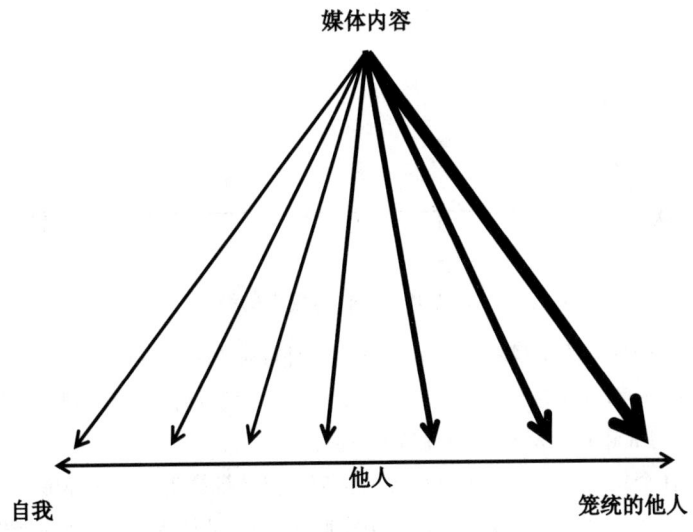

图 8.3　第三人感知中的社会距离

注：自我和他人沿着一个连续体延展。在连续体的一端是自我。在连续体的另一端是笼统的他人。在两个端点之间，他人被定义为在性质上逐渐笼统。箭头的粗细表明感知的媒体对群体的影响，箭头越粗表明感知的影响越大。

在这之后，共向塑造一对二分体。这样，山姆不仅有关于对象的认识，而且还有关于二分体另一半B这个人［朱迪（Judy）］的认识。山姆知道他自己对对象的认识。山姆也知道他对朱迪的认识。山姆对朱迪的认识的创建就像他对对象的认识的创建一样。山姆拥有和朱迪相处的经验，并且山姆可以以他所遇到的其他人所具有的属性为背景，来考虑朱迪的属性。

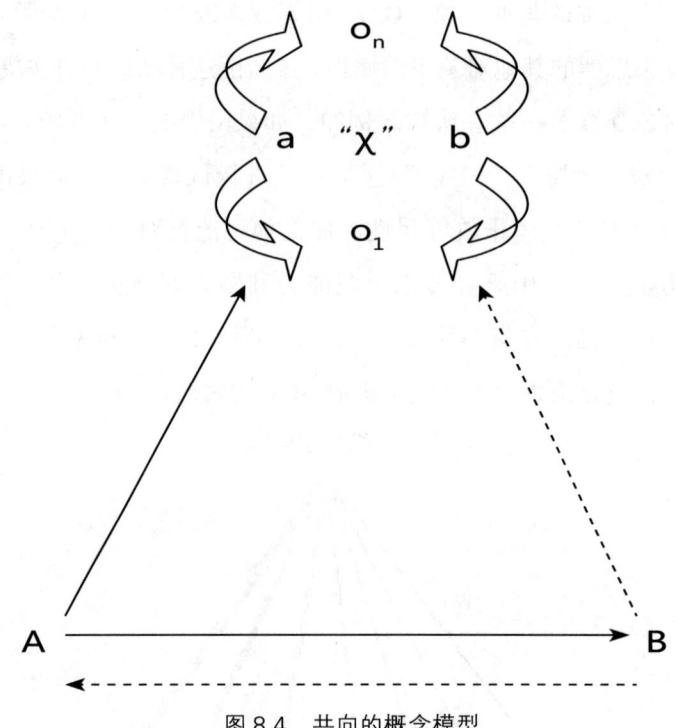

图 8.4 共向的概念模型

注：A 对社会现实的主观看法：实线表示 A 对对象（O_1）的看法和 A 对 B 的看法。虚线表示 A 所感知的 B 对对象的看法以及对 A 的看法。对被评价对象的判断涉及其他类似的对象（O_n）。字母 a 和 b 代表了 O_1 被评价的属性。

B 对这个社会现实的主观看法会和 A 的类似，但是带箭头的实线和虚线彼此互换。一个客观的观察者对这个社会现实的看法将由指向 A、B，又从 A、B 返回的带箭头的实线和虚线来表示。（Adapted from McLeod & Chaffee，1973。）

基于山姆所形成的对对象的认识和对朱迪的认识，他就有了朱迪对对象认识的感知。基于相同的经历，山姆同样形成了朱迪对他的认识的感知。因为它是成对考虑的，所以当朱迪从自己的视角来看待社会情境的时候，结构、方法以及变量的类型也同样适用于她。当然，她会有她自己对对象和对山姆的认识。此外，她也会感知到山姆对对象和对她自己的认识。

因此，共向塑造的是一对二分体，而社会现实是从这对二分体的交流中推测的结果。交流的目的是为了增加对彼此认知的了解，并且促使所涉及的双方能尽快达成一致意见。共向模型认为，更有可能出现的结果是彼此增进了了解而非尽快达成一致意见。"我们同意各执己见"这句陈词滥调很好地表达了共向模型所预测的正是这种交流过程最有可能出现的结果。共向模型的一个重要方面就是所涉及的两个人都有相互交流的动机。达到某种程度的理解／一致意见是方法。通过达成理解／一致意见来定义一个人的社会现实是目标。因此，在共向中，信息的交换导致理解／一致意见，由此定义了一个人的社会现实。例如，作为司机，山姆可能会基于SUV的承载能力和给他带来的安全感来对它进行评价。另一方面，朱迪也可能会基于SUV的汽油消耗量和温室气体排放量来对它进行评价。按照共向的说法，成功的交流可能不会导致山姆和朱迪达成一致意见，但是它会依据彼此对SUV的了解来定义这对二分体的社会现实。

尽管最初的共向模型聚焦于参与人际传播的二分体，但是没过多长时间，研究人员就将这些相同的概念应用到了社会群体中。例如，格鲁尼格（Grunig）和斯塔姆（Stamm）（1973）将这些概念应用到了集体中。一个集体——也许是一个公司——可能有动机与各种各样的集体或"公众"共向。通过使用公关技能，公司可能与它的公众进行交流并且鼓励公众提供反馈。通常的目标是为了增加公众了解公司在某些对所有人都很重要的问题上的公开立场。格鲁尼格和亨特（Hunt）（1984）论述的标准的公共关系的双向对称模型说明了这些关系。在这里面，有两个集体分别扮演了A和B。在公共关系双向对称模型的情况下，传播模式通常是大众媒介传播而非人际传播。

无论正在研究的是成对的个人还是成对的集体，共向模型在很大程度上依赖于这个概念，即人们倾向于作自我—他人比较。此外，这个模型是基于这样的命题，即人们往往用这种自我—他人比较作为他们未来行为的向导，而它常常可能不准确。正如麦克劳德和查菲（1973）所解释的，"这是对人类传播过程不足之处的不愉快的评论，即我们对其他人认知的感知很少准确绝非偶然，或者说我们对其他人的认知的感知很少准确到超过A将他的观点表达给B时可获得的准确水平"（p.482）。

麦克劳德和查菲（1973）在介绍他们的共向模型的概念时阐述到，"这个方法潜在的关键假设是，一个人的行为不只是单纯地基于他私人的世界认知结构；它还是一个关于他对他周围的他人所持有的定向的感知（强调最初的）和他对他们的定向的函数。进一步的假设是，在某种交互条件下，对他人实际的认知和感知也会影响到他的行为"（emphasis added；p.470）。

第三人效果应用

戴维森（1983）的第三人效果假设确定了麦克劳德和查菲（1973）的一个交互的条件。当然，这个假设表明，接触信息的人们会感知他人比他们自己受到的影响更大，"并且无论这些人是否是信息的表面受众，他们预期这种传播对他人产生的影响可能会导致他们采取一些行动"（Davison, p.3; emphasis added）。

第三人效果假设（Davison, 1983）最初的表达也包括了二分体和自我—他人比较。事实上，它将成对的个人与成对的集体结合在了一起。由个人组成的二分体的相关性已经在戴维森与记者们关于社论的说服性影响的对话中进行了说明。通过评价普通的读者容易受到影响，记者们认为他们自己更为优秀——至少就他们抵抗社论的影响而言。这表明，我们往往部分通过与他人的比较来形成我们身份的概念。这还表明，当我们这么做的时候我们喜欢有同伴。[1]

在戴维森（1983）新闻工作者的二分体中，保持自爱是通过假设一种理解和认同报纸社论的理想状态来实现的。对这种理解/认同的理想状态的感知，是通过 A（记者）将他的信念表达给 B（在戴维森的例子中是他本人）来获得的。在这对二分体中，记者称戴维森是另一个自我——至少当这两个人都在思考"报纸社论"这个对象的时候。这对于记者来说不一定是准确的，或者对于戴维森来说甚至都不必要存在。真正需要的只是记者坚信在某处存在着和记者采用几乎相同方式评价报纸评论的戴维森们。

这种通过建立自爱获得的安全感，允许记者进入集体二分体的下一个函数。在这对二分体中，记者构成了一个戴维森的集体。作为这个集体的一名成员，记者能够与构成第二个集体的他人进行自我—他人的比较。这些他人可能会是记者所提到的普通读者。在此之前，记者假设了一个与戴维森建立相互理解并且达成一致意见的理想状态。然而这一次，记者假设了一个将他和戴维森对社论的评价与记者和戴维森假设他人会对报社社论进行不同评价结合起来理解的

---

[1] 为了给共向奠定基础，麦克劳德和查菲（1973）引用了沙利文（Sullivan, 1938）的话，"精神病学必须关注我们拥有自尊和自爱的过程；此外，这个自我'主要是在生活中通过与他人交流获得的'"（p.474）。

理想状态。如果记者相信和戴维森已经实现了相互理解并且达成一致意见，那么他就没有了和那些他认为完全理解的他人达成一致意见的真正动机。事实上，这里有一个不能使记者与那些他人达成一致意见的抑制因素。如果记者和他人达成了一致意见，那么以下两件事中的一件事将会由此产生：要么记者只不过是社论的一个普通读者，要么他人将会加入杰出者的行列。无论哪种方式，记者所珍爱的自我将会因为这种与他人建立相互理解并且达成一致意见的状态而受到损害。

这就是第三人效果与共向的分歧点。记者确实有动机对他人接触报纸社论后将如何表现进行预期并作出反应，他们（他人）已经以他们惯常的方式对此进行了评价。正如戴维森（1983）解释的，"它之所以被称为'第三人效果'，是因为第三人来自两个不同的观察角度的人"（p.3）。

有了这些后见之明的优势以及后来出版的研究，我们不同意戴维森最初的命题，即认为最大的感知的影响永远只适用于他人（我们在第五章已经解决的一个问题）。然而，我们确实同意他的陈述的后半部分，即当遇到某种形式的说服性传播时，人们通常关注表面受众的态度和行为。

说服的双重视角模型

基于第三人效果、共向和说服理论的异同，图 8.5 阐释了一种说服的双重视角模型。在这里，所研究的对象是受众接收的一条说服性信息。从他或她的角度来看，在受众中的每一个个体都是"自我"。为了便于解释，我们使用 SUV 例子中的朱迪作为我们的"自我"。朱迪基于那些对她来说显著和/或相关的说服性信息的属性子集，来对说服性信息进行评价。朱迪评价的结果是她对这些信息所持有的一组认知。换句话说，朱迪也许会、也许不会对信息和/或信息的信源形成良好的印象。因此，她也许会、也许不会被说服。这个模型同样表明，在这样的背景下，朱迪评价了那些她认为已经接触到这些信息的他人。在共向中，当遇到一个对象时，一对二分体就已经存在。在这里，特别是当遇到一个说服性信息时，几乎虚构的二分体就创建了。所以，朱迪在保持自爱的努力中，她不仅要考虑她对这个说服性信息和/或信源的直接视角，而且她还要考虑她对他人的元视角以及他们的直接视角。

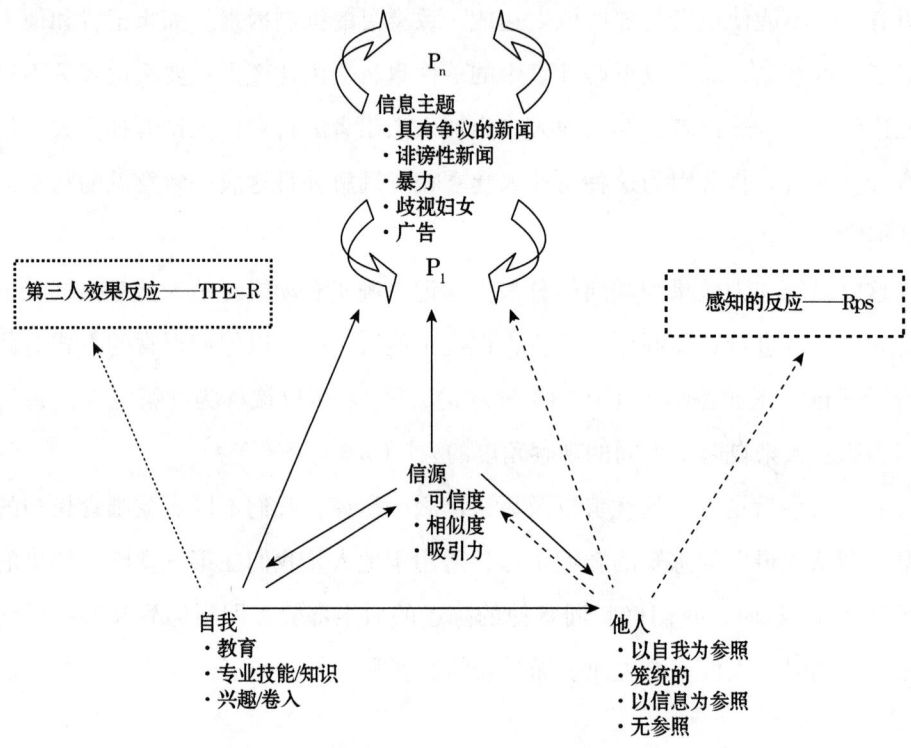

图 8.5　说服的双重视角模型

注：说服性情境的感知：粗实线箭头表明自我对说服性信息（P_1）、信源和他人的直接视角。带箭头的虚线表明自我关于他人对 P_1 的态度、他人对信源的态度、他人对说服性尝试的反应（Rps）的元视角。带箭头的点状虚线表明自我对 Rps 的第三人效果反应（TPE-R）。带箭头的细实线表明信源的信息呈现（P_1）以及向自我和他人表达的态度。对被评价的说服性信息的判断涉及其他类似信息（P_n）。

为了对共向模型进行说明，麦克劳德和查菲（1973）描述了莱恩（Laing）、菲利普森（Phillipson）和李（Lee）（1966）所论述的"直接视角（direct perspective）"（p.476）和"元视角（meta-perspective）"（p.476）。在我们的例子中，直接视角就是朱迪对说服性信息和/或信源的看法。元视角就是朱迪认为他人对说服性信息和/或信源的看法。朱迪的直接视角和元视角一起导致她以某种方式对情境作出反应。她的反应可能是强化她对自我和他人已有的信念，她的反应可能是朝着(或相反于)说服性信息所作的论证的方向发生态度改变，她的反应可能是采取一些公开的行为方式，或者她的反应可能是上述这些表现形式的某种结合。

如果朱迪的直接视角导致对说服性信息的积极认知——例如，这个信息具有为买车提供强有力且合理的论据的属性，那么她可能会做这件"明智"的事情。在我们的例子中，做明智的事情可能指从"工厂现金和 0.0% 的融资"中得到好处。换句话说，朱迪可能决定去，并且可能真的以低廉的价格购买一辆新车。

另一方面，如果朱迪的直接视角导致对说服性信息的消极认知，即这个信息具有为买车提供无力且表述不清的论据的属性，那么她可能会通过转向对他人的元视角来提高自爱感。例如，一接触到说服性信息，朱迪可能就已经发现汽车制造商签约了一个著名职业网球运动员作为企业的代言人。她可能也会注意到这是一项大型的活动，甚至吸引了一些主流新闻媒体的注意。朱迪也认识到，著名职业网球运动员不一定了解汽车工程。此外，她知道确实有人会对名人作出响应。朱迪并不属于这些人，但是他们就在那里。根据朱迪如何评价说服性信息，她感知他人会如何评价信息，以及朱迪自身提高自爱的倾向，她感知他人购买新车的可能性会增加。反过来，她可能会发现一个投资的机会。虽然她没有购买一辆新车，但是她可能决定投资 25 000 美金购买汽车制造商股票的股份。这将会是第三人效果初始概念的一个例子。

直接视角与元视角

自我。这是一个说服的双重视角模型，因为从朱迪的立场来看，她的直接视角和元视角影响了她最终的行为。当她对说服性信息和/或信源的直接视角导致了积极的评价时，她就相对可能被说服，认为所提倡的行为是一个好主意。如果朱迪已经被说服了，那么她可能真的会从事所提倡的行为而且不去考虑他人会对此作出怎样的反应，她可能会产生第一人感知，她也可能在从事所提倡的行为的同时维护第一人感知，或者她可能什么都不做。

然而，当朱迪的直接视角导致了消极的评价时，她对他人的元视角可以影响她最终的行为。如果发生了这种情况，那么第三人效果假设预测朱迪会感知他人而非自己受到了更大的说服性影响。基于朱迪得出的他人可能会怎么做的推断，她可能会以她认为能够从一个机会中获利的方式行动，她也可能会以认为能够保护她不受威胁的方式行动，或者她可能不采取任何行动。

到底朱迪的哪一种视角占主导地位，这取决于信息的特征（第三章）、信源的特征（第四章）以及朱迪对它们的反应。如果她的元视角占主导地位，那么朱迪的个人特征（第二章）与所比较的他人的特征（第六章）相互作用会决定她的反应。

对自我的双重视角的研究也适用于深思的可能性模式（Petty & Cacioppo，1986），该模式认为对说服性信息内容"相关话题深思"的可能性（p.5）取决于信息接收者（自我）这么做的动机和/或能力。否则，信息接收者更可能在没有对诸如比较的他人、外周到信息中心的论证等相关变量进行深思的情况下作出反应。

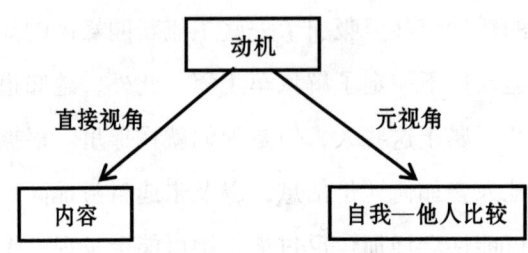

图 8.6 信息加工的双重动机

然而，正如图 8.6 所示，第三人效果假设认为，自我不仅有动机对信息的论证进行仔细推敲，还可能有动机深思他人以及他们对信息论证可能的精细加工（第七章）。此外，正如图 8.7 所示，这种元视角深思的可能性取决于自我能够与这些他人作明智比较的能力。正如在第六章中所讨论的，自我几乎没有能力与通常称为"广大公众"的笼统的他人进行比较，但是当这些他人与自我或者信息锚定得更加紧密的时候，自我对这些他人进行深思的能力就相对较大。

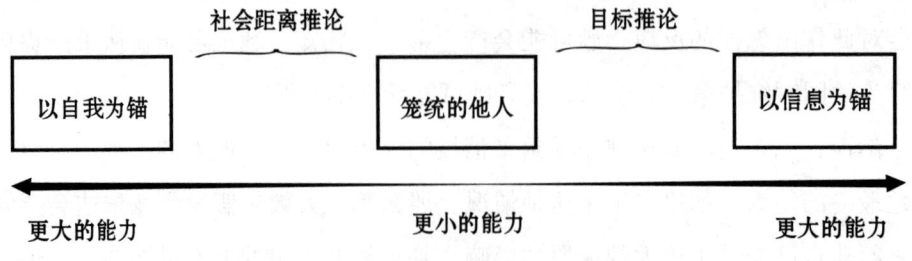

图 8.7 通过对照他人来进行元视角深思的能力

这种元视角深思的形式提出了一种在深思的可能性模型中的元视角中央路径。

信源。这也是一个说服的双重视角模型,因为正如戴维森(1983)指出的,第三人效果假设不仅包括个人信息接收者(自我)的视角,还包括信源的视角。

信源能够通过受众的直接视角或元视角来影响受众。传统的说服模式概述了利用接收者直接视角的说服方法(See Perloff, 2003, for an overview of contemporary persuasion theory)。然而,将第三人效果假设理解为非传统的(或特殊的)说服语境,为说服者提供了另外一种方式来实现他们的目标——影响他们的受众。传统的说服模式诸如麦圭尔(1968)说服传播的矩阵模式假定,那些想要成为说服者的人能够操纵他们所传播的信息,选择他们所使用的传播渠道,并且选择他们的信源(也就是,利用专家、明星、令人喜欢的人等作为代言人)。然而,正如这些传统的说服模式同样指出的,说服者不能够操纵他们的受众。信息接收者还是那样,影响这些信息接收者是说服者的工作。

尽管说服者不可以操纵他们的受众,但是第三人效果假设确实指出,说服者可以操纵表面受众。美国前总统罗纳德·里根(Ronald Reagan)在他的早期执政期间,能够有效地利用这种技巧。在美国参议院与众议院上,共和党总统在与民主党多数派进行预算谈判中的表现似乎直接吸引了美国公众的注意力(Dewar, 1981; Smith, 1983)。正如当时记者所报道的,"所有这些都能有效地提高总统的影响力,至少当国会多数派认为他有民众的支持,并且如果有必要,他有意愿越过国会激起民众为他的计划对国会施压的时候。在里根的例子里,很多民主党人承认这是事实。"(Dewar, 1981, p.A1)里根总统以他的"噢,什么"的演讲风格能够说服一个由反对党控制的国会,使得反对党在他们获取最佳利益的情况下同意他所提出的预算提案。他就是通过操纵表面受众做到的。

即使说服者不选择将说服性信息的表面受众作为其目标受众,了解包含在整个说服过程中的第三人效果动力学,也可以提高一个人成功的概率。例如,乔治·W.布什(George W.Bush)总统在纪念美国 2003 年入侵伊拉克三周年新闻发布会上的表现似乎就说明了这一点。对于从巴格达及其周边省份源源不断地传来坏消息这个问题,布什总统回应说,这种问题"恰恰体现了敌人所推断的是可能的……它也是对敌人影响这场争论的能力的真实评价,并且他们知道这个。他们能够炸死无辜的生命，这样它就在你的电视节目中结束了……并且我能够理解美国人是多么担心我们是否能赢"（Bush，2006）。

在这次交流中，布什总统表达了对伊拉克叛乱分子将实施恐怖行动作为一种传播方式的担心。在布什总统看来，传播的渠道是美国新闻媒体对这场战争的报道，并且表面受众是美国民众。叛乱分子的目的就是通过新闻媒体越过总统直接接触美国公众来影响政府的战争政策。对于他来说，总统解释说他了解这个传播系统是怎样运作的。

被说服与被影响

此外，这种说服的双重视角模式是适用的，因为正如佩洛夫（2003）得出的结论，人们说服他们自己的同时，也正如埃夫兰等人（1999）指出的，这些相同的人往往相信他人所受到的影响超出了其抵抗影响的能力。"关于说服的传说之一就是说服者说服我们去做了我们其实不愿意去做的事情。他们通过很多我们默许的论证或这种言语弹药来打垮我们。他们迫使我们屈服。"（Perloff，p.10）实际上，人们是通过考虑说服者提供的信息才被说服的。如果这个信息具有说服力，那么人们通过一个系统评价过程被说服。如果这个信息不具有说服力，那么他们就不被说服。

尽管这个证据表明了人们是如何通过他们遇到媒体内容时的直接视角来被说服的，但是埃夫兰等人（1999）认为，当考虑媒体对他人的影响（元视角）时，"人们对大众媒体的影响所持有的模式与被称为媒介效果的'魔弹论'时代的人们所持有的模式很像"（p.297）。他们认为人们接受了启发式判断规则，即他人直接受到了媒体内容的影响。

换句话说，当人们思考他们自己的时候，他们倾向于意识到"我"被说服。然而，当考虑到他人的时候，人们倾向于相信"他们"被影响。前者的内涵显然是更可取的，因为说服意味着某种程度的思考，而影响表明容易上当受骗。

总　结

　　最初由戴维森（1983）提出的第三人效果假设，二十多年来一直吸引着研究人员对其进行研究。尽管出版了大量第三人效果的期刊文章，有更多的会议论文也对此进行了陈述，但是这个假设仍然尚未被确立为一个独立的理论。

　　鉴于这种观察，第三人效果假设本身可能不是一个理论，而是代表了一个或多个已经接受的说服和传播理论或模式发展中革命性的一步。这是我们提出说服的双重视角模型所采用的方法。

　　第三人效果作为一种强大的现象，对说服文献产生的影响是不言而喻的。这个假设也强调了动态的自我—他人比较以及作出这种比较可能导致的行为。这是对共向模型的回顾。

　　我们认为，第三人效果假设代表了说服理论和共向之间的一种联系。换句话说，被说服的过程可能也是定义自我社会现实的过程，没有意识到他人的存在，社会现实不可能发生。

参考文献

Alicke, M.D., Klotz, M.L., Breitenbecher, D.L., Yurak, T.J., & Vredenburg, D.S. (1995). Personal contact, individuation, and the better-than-average effect. Journal of Personality and Social Psychology, 68, 804–825.

Andsager, J.L. (1990). Perceptions of credibility of male and female syndicated political columnists. Journalism Quarterly, 67, 485–491.

Andsager, J., Han, C., La Vail, K., Schwartz, J., Vujnovic, M., & Grimm, J. (2006, August). Effects of exemplification and attribution of blame on perceived influence of self and others. Paper presented at the annual convention of the Association for Education in Journalism and Mass Communication, San Francisco.

Andsager, J.L., & Mastin, T. (2003). Racial and regional differences in evaluations of the credibility of political columnists by race and sex. Journalism & Mass Communication Quarterly, 80, 57–72.

Andsager, J.L., & White, H.A. (2001, August). Message credibility and congruence in first-and third-person estimations. Paper presented at the annual convention of the Association for Education in Journalism and Mass Communication, Washington, D.C.

Andsager, J.L., & White, H.A. (2004, November). Using exemplar credibility to increase message effectiveness. Paper presented at the annual meeting of the Midwest Association for Public Opinion Research, Chicago.

Andsager, J., White, H.A., & Kuennen, R. (2005, November). Content-specific influences on third-person effects and behavioral components. Paper presented at the annual meeting of the Midwest Association for Public Opinion Research, Chicago.

Andager, J.L., Wyatt, R.O., & Martin, E. (2004). Free expression and five democratic publics: Support for individual and media rights. Cresskill, NJ: Hampton Press.

Atkin, C.K. (2001). Theory and principles of media health campaigns. In R.E. Rice & C.K. Arkin(Eds.), Public communication campaigns (3rd ed., pp. 49-68). Thousand Oaks, CA: Sage.

Atwood, L.E. (1994). Illusions of media power: The third-person effect. Journalism Quarterly, 71, 269-281.

Austin, E. W., & Dong. Q. (1994). Source vs. content effects on judgments of news believability. Journalism Quarterly, 71, 973-983.

Banning, S.A. (2001a). Do you see what I see?: Third-person effects on public communication through self- esteem, social stigma, and product use. Mass Communication and Society, 4, 127-147.

Banning, S.A. (2001b). Taking the third-person effect outside the laboratory: How an unplanned real world event failed to change the third-person effect. Communication Research Reports, 18, 93-103.

Based On Years of Experience … . (2004, April 5). Lean a little bit closer girl, roses really smell like poo-poo. Message posted to http://one2many.blogspot.com/2004/04/lean-little-bit-closer-girl-roses.html

Baughman, J.L. (1989). "The world is ruled by those who holler the loudest": The third-person effect in American journalism history. Journalism History, 16, 12-19.

Biggs, B. (2004, November 18). Crass interference or no flag?; Colts coach Dungy offended by promo, says it was racist. Chicago Sun-Times, p. 139.

Borzekowski, D. L. G., Flora, J. A., Feighery, E., & Schooler, C. (1999).

The perceived influence of cigarette advertisements and smoking susceptibility among seventh graders. Journal of Health Communication, 4, 105–118.

Bosman, J. (2006, April 10). Wal-Mart resists pressure in "Brokeback" DVD sales. The New York Times, Business, p. 6.

Brosius, H.-B., & Engel, D. (1996). The causes of third-person effects: Unrealistic optimism, impersonal impact, or generalized negative attitudes toward media influence? International Journal of Public Opinion Research, 8, 142–162.

Brown, J. D. (1986). Evaluations of self and others: Self-enhancement biases in social judgments. Social Cognition, 4, 353–376.

Brumberg, J.J. (1997). The body project: An intimate history of American girls. New York: Random House.

Burkhart, F.N., & Sigelman, C.K. (1990). Byline bias? Effects of gender on news article evaluations. Journalism Quarterly, 67, 492–500.

Burnett vs. National Enquirer, Inc., 193 Cal. App. 3d 991, (Cal. Ct. App. 1983).

Bush, G. W. (2006, March 21). Press conference of the president. Retrieved March 25, 2006, from http://www.whitehouse.gov/news/releases/2006/03/print/20060321-4.html

Cacioppo, J. T., & Petty, R. E. (1982). The need for cognition. Journal of Personality and Social Psychology, 42, 116–131.

Capra, F. (Producer), & Lubitsch, E. (Director). (1942). Prelude to war. [Motion Picture]. United States: War Department's Special Service Division.

Cartwright, D. (1971). Some principles of mass persuasion: Selected findings of research on the sale of U.S. war bonds. In W.Schramm & D.F. Roberts (Eds.), The process and effects of mass communication (pp. 426–447). Chicago: University of Illinois Press.

Chaffee, S.H., & McLeod, J.M. (1968). Sensitization in panel design: A coorientational experiment. Journalism Quarterly, 45, 661–669.

Chaiken, S. (1980). Heuristic versus systematic information processing and the use of source versus message cues in persuasion. Journal of Personality and Social Psychology, 39, 752-766.

Chaiken, S. (1987). The heuristic model of persuasion. In M. P. Zanna, J. M. Olson, & C. P. Herman (Eds.), Social influence: The Ontario symposium (Vol. 5, pp. 3-39). Hillsdale, NJ: Lawrence Erlbaum Associates.

Chaiken, S., Liberman, A., & Eagly, A. H. (1989). Heuristic and systematic information processing within and beyond the persuasion context. In J.S. Uleman & J.A. Bargh (Eds.), Unintended thought (pp. 212-252). New York: Guilford Press.

Chaiken, S., & Maheswaran, D. (1994). Heuristic processing can bias systematic processing: Effects of source credibility, argument ambiguity, and task importance on attitude judgment. Journal of Personality and Social Psychology, 66, 46-47.

Chapin, J. R. (1999). Third-person perception and sexual risk taking among minority "at-risk" youth. Mass Communication and Society, 2, 163-173.

Chapin, J. R. (2000). Third-person perception and optimistic bias among minority at-risk youth. Communication Research, 27, 51-81.

Chapin, J.R. (2002). Third-person perception and school violence. Communication Research Reports, 19, 216-225.

Chen, S., Duckworth, K., & Chaiken, S. (1999). Motivated heuristic and systematic processing. Psychological Inquiry, 10, 44-49.

Chia, S.C., Lu, K.-H., & McLeod, D.M. (2004). Sex, lies, & video compact disc: A case study on third-person perception and motivations for media censorship. Communication Research, 31, 109-130.

Cho, H., & Han, M. (2004). Perceived effect of the mass media on self vs. other: A cross-cultural investigation of the third person effect hypothesis. Journal of Asian Pacific Communication, 4, 299-318.

Chock, T., & Lee, S. (2005). The impact of appeal type and message structure on first and third person judgments. Paper presented at the annual convention of the International Communication Association, New York City.

Cohen, J., & Davis, R.G. (1991). Third person effects and the differential effect in negative political advertising. Journalism Quarterly, 68, 680–688.

Cohen, J., Mutz, D., Price, V., & Gunther, A. (1988). Perceived impact of defamation: An experiment on third-person effects. Public Opinion Quarterly, 52, 161–173.

Conners, J. L. (2005). Understanding the third-person effect. Communication Research Reports, 24, 3–22.

David, P., & Johnson, M.A. (1998, Autumn). The role of self in third-person effects about body Image. Journal of Communication, 48, 37–58.

David, P., Liu, K., & Myser, M. (2004). Methodological artifact or persistent bias? Testing the robustness of the third-person and reverse third-person effects for alcohol messages. Communication Research, 31, 206–233.

David, P., Morrison, G., Johnson, M. A., & Ross, F. (2002). Body image, race and fashion models: Social distance and social identification in third-person effects. Communication Research, 29, 270–294.

Davison, W.P. (1983). The third-person effect in communication. Public Opinion Quarterly, 47, 1–15.

Davison, W.P. (1996). The third person effect revisited. International Journal of Public Opinion Research, 8, 113–119.

Dewat, H. (1981, February 23). Hill 'barons' on sidelines: New fast-track budget action puts most hill 'barons' on sidelines. The Washington Post, p. A1.

Domke, D., Lagos, T., LaPointe, M., Meade, M., & Xenos, M. (1999). Elite messages and source cues: Moving beyond partisanship. Political Communication, 17, 395–402.

Douglas, K.M., & Sutton, R.M. (2004). Right about others, wrong about ourselves? Actual and perceived self-other differences in resistance to persuasion. British Journal of Social Psychology, 43, 585–603.

Driscoll, P.D., & Salwen, M.B. (1997). Self-perceived knowledge of the O.J. Simpson trial: Third-person perception and perceptions of guilt. Journalism & Mass

Communication Quarterly, 74, 541-556.

Duck, J.M., Hogg, M.A., & Terry, D.J. (1995). Me, us and them: Political identification and the third-person effect in the 1993 Australian federal election. European Journal of Social Psychology, 25, 195-215.

Duck, J.M., Hogg, M.A., & Terry, D.J. (1998). Perceived self-other differences in persuasibility: The effects of interpersonal and group-based similarity. European Journal of Social Psychology, 28, 1-21.

Duck, J.M., Hogg, M.A., & Tetty, D.J.(1999). Social identity and perceptions of media persuasion: Are we always less influenced than others? Journal of Applied Social Psychology.29, 1879-1899.

Duck, J.M., & Mullin, B.(1995).The perceived impact of the mass media: Reconsidering the third-person effects .European Journal of Social Psychology, 25, 77-93.

Duck, J.M., Terry, D.J., & Hogg, M.A.(1995). The perceived influence of AIDS advertising. Third-person effects in the context of positive media content. Basic and Applied Social psychology, 17, 305-325.

Dupagne, M., Salwen, M.B., & Paul, B.(1999). Impact of question order on the third-person effect. International Journal of Public Opinion Research, 11, 334-345.

Eagly, A.H., & Chaiken, S.(1993). The psychology of attitudes. Fort Worth, TX: Harcourt Brace Jovanovich.

Edminster, W.(2006, March 3).Professor encourages newspapers censorship [Letter to the Editor].The Murray State News, p.4a.

Eveland, W.P., Jr., & McLeod, D.M.(1999). The effect of social desirability on perceived media impact: Implications for third-person perceptions. International Journal of Public Opinion Research, 11, 315-333.

Eveland, W.P., Jr., Nathanson, A.I., Detenber, B.H., & McLeod, D.M.(1999). Rethinking the social distance corollary: Perceived likelihood of exposure and the third-person perception. Communication Research, 26, 275-302.

Friestad, M., & Wright, P.(1994). The persuasion knowledge model: How people cope with persuasion attempts, Journal of Consumer Research, 21, 1-31.

Gaziano, C., & McGrath, K.(1986). Measuring the concept of credibility. Journalism Quarterly, 63, 451-462.

Gentles, K.A., & Harrison, K.(2006). Television and perceived peer expectations of body size among African American adolescent girls. Howard Journal of Communications, 17, 39-55.

Gibbon, P., & Durkin, K. (1995). The third-person effect: Social distance and perceived media bias. European Journal of Social Psychology, 25, 597-602.

Gilbert, D.(2006, April 16). I'm OK, you're biased. The New York Times, p, 12.

Glynn, C.J., & Ostman, R.E(1988). Public opinion about public opinion. Journalism Quarterly, 65, 299-306.

Goethals, G.R., Messick, D.M., & Allison, S.T.(1991).The uniqueness bias: Studies of constructive social comparison, In J. Suls & T.A.Wills(Eds.), Social comparison: contemporary theory and research (pp.149-176).Hillsdale, NJ: Lawrence Erlbaum Associates.

Golan, G.(2002). Religiosity and the third-person effect. Journal of Media & Religion 1, 105-130.

Golan, G., Banning S., & Lundy, L.(2005, May). Likelihood to vote, candidate choice and the third-person effect: Behavioral implications of political advertising. Paper presented at the meeting of the International Communication Association, New York City.

Graber, D.A.(2001). Processing politics: Learning from television in the Internet age. Chicago: The University of Chicago Press.

Griffin, R.J., Neuwirth, K., Giese, J., & Dunwoody, S.(2002). Linking the heuristic-systematic model and depth of processing. Communication Research, 29, 705-733.

Grunig, J.E., & Hunt, T.(1984).Managing public relations. New York: Holt,

Rinehart, and Winston.

Grunig, J.E., & Stamm, K.R.(1973).Communication and coorientation of collectives. American Behavioral Scientist, 16, 567-591.

Gunther, A.C.(1991), What we think others think: Cause and consequence in the third-person effect. Communication Research, 18, 355-372.

Gunther, A.C.(1995).Overrating the X-rating: The third-person perception and support for censorship of pornography. Journal of Communication, 45, 21-39.

Gunther, A.C., & Hwa, A.P.(1996). Public perceptions of television influence and opinions about censorship in Singapore. International Journal of Public Opinion Research, 8, 248-265.

Gunther, A.C., & Liebhart, J.L.(2005, May). Broad reach or biased source? Decomposing the hostile media effect. Paper presented at the annual conference of the International Communication Association, New York City.

Gunther, A.C., &Mundy, P.(1993). Biased optimism and the third-person effect. Journalism Quarterly, 70, 58-67.

Gunther, A.C., &Storey, J.D.(2003). The influence of presumed influence. Journal of Communication, 53, 199-215.

Gunther, A.C., & Thorson, E.(1992). Perceived persuasive effects of product commercials and public service announcements: Third person effects in new domains. Communication Research, 19, 574-596.

Guo, Z., & Moy, P.(1998). Medium or message? Predicting dimensions of political sophistication. International Journal of Public Opinion Research, 10, 25-50.

Haridakis, P.M., & Rubin, A.M.(2005). Third-person effects in the aftermath of terrorism. Mass Communication and Society, 8, 39-59.

Heider, F.(1958). The psychology of interpersonal relations. New York: Wiley.

Henricksen, L., & Flora, J.(1999). Third-person perception and children: Perceived impact of pro-and anti-smoking ads. Communication Research, 26, 643-665.

Hitchon, J.C., Chang, C., & Harris, R.(1997). Should women emote?

Perceptual bias and opinion change in response to political ads for candidates of different genders. Political Communication, 14, 49-69.

Hoffner, C., & Buchanan, M.(1999). Support for censorship of television violence. Communication Research, 26, 726-742.

Hoffner, C., & Buchanan, M.(2002). Parents' responses to television violence: The third-person perception, parental mediation, and support for censorship. Media Psychology, 4, 231-252.

Hoffner, C., Plotkin, R.S., Buchanan, M., Anderson, J.D., Kamigaki, S.K., Hubbs, L.A., Kowalczyk, L., Silberg, K., & Pastorek, A.(2001). The third-person effect in perceptions of the influence of television violence. Journal of Communication, 51, 283-299.

Hoorens, V., & Ruiter, S.(1996). The optimal impact phenomenon: Beyond the third-person effect. European Journal of Social Psychology, 26, 599-610.

Hosty vs.Carter, 325 F.3d 945(7th Cir.2003), Hosty vs.Carter, 412 F.3d(7th Cir.2005).

Hovland, C.I., & Weiss, W.(1951). The influence of source credibility on communication effectiveness. Public Opinion Quarterly, 15, 635-650.

Huh, J., DeLorme, D.E., & Reid, L.N.(2004). The third-person effect and its influence on behavioral outcomes in a product advertising context: The case of direct-to-consumer prescription drug advertising. Communication Research, 31, 568-599.

Innes, J.M., & Zeitz, H.(1988). The public's view of the impact of the mass media: A test of the "third person" effect. European Journal of Social Psychology, 18, 457-463.

Iraq war: Three years later.(2006, March 19).Seattle Post-Intelligencer. Retrieved March 17.2006, from http://seattlepi.nwsource.com/opinion/263428_iraqled.asp

Jensen, J.D., & Hurley, R.J.(2005). Third-person effects and the environment: Social distance, social desirability, and presumed behavior. Journal of

Communication, 55, 242-256.

Johansson, B.(2005). The third-person effect: Only a media perception? Nordicom Review 26, 81-94.

Journalism.org.(2005). The state of the news media: An annual report on American journalism. Retrieved January 12, 2006, from http://www.stateofthenewsmedia.org/2005/narrative_cabletv_contentanalysis.asp?cat=2&media=5

Katz, D., & Allport, F.H.(1931). Students' attitudes: A report of the Syracuse University reaction study. Syracuse, NY: Craftsmen Press.

Katz, E., Blumler, J.G., & Gurevitch, M.(1973). Users and gratifications research Public Opinion Quarterly, 37, 509-523.

Kiousis, S.(2001). Public trust or mistrust? Perceptions of media credibility in the information age, Mass Communication and Society, 4, 381-403.

Kosicki, G.M., &McLeod, J.M.(1990). Learning from political news: Effects of media images and information-processing strategies. In S.Kraus(Ed.), Mass communication and political information processing(pp.69-83), Hillsdale, NJ; Lawrence Erlbaum Associates.

Lambe, J.L., &McLeod, D.M.(2005). Understanding third-person perception processes; Predicting perceived impact on self and others for multiple expressive contexts. Journal of Communication, 55, 277-291.

Laing, R.D., Phillipson, H., & Lee, A. R. (1966). Interpersonal perception: A theory and a method of research. New York; Springer.

Lasorsa, D.L.(1989). Real and perceived effects of "Amerika." Journalism Quarterly, 66, 373-378, 529.

Lasswell, H.D.(1948). The structure and function of communication in society. In W. Schramm(Ed.), Mass communications (pp.117-130). Urbana, IL; University of Illinois Press.

Lee, B., & Tamborini, R.(2005). Third-person effect and Internet pornography; The influence of collectivism and Internet self-efficacy. Journal of

Communication, 55, 292-310.

Lo, V., & Paddon, A.R.(2000). Third-person perception and support for pornography restrictions: Some methodological problems. International Journal of Public Opinion Research, 12, 80-89.

Lo, V., & Paddon, A.R.(2001). Third-person effect, gender differences, pornography exposure and support for restriction of pornography, Asian Journal of Communication, 11, 120-142.

Lo, V., & Wei, R.(2002). Third-person effect, gender, and pornography on the Internet. Journal of Broadcasting & Electronic Media, 46, 13-33.

Lowery, S.A., & DeFleur, M.L.(1988). Milestones in mass communication research (2nd ed.). New York: Longman.

Maraniss, D.(2004, November 4). The day after, Americans take the results to heart. The Washington Post, p. A1.

Mason, L, (1995). Newspaper as repeater: An experiment on defamation and third-person effect. Journalism & Mass Communication, 72, 610-620.

Matera, F. R., & Salwen, M. B. (1995). Issue salience and the third-person effect: Perceptions of illegal immigration. World Communication, 28(3), 11-27.

McGuire, W.J.(1968). The nature of attitudes and attitude change. In G. Lindzey & E. Aronson(Eds.), The handbook of social psychology (2nd ed., Vol, 4, pp.136-314). Reading MA: Addison-Wesley.

McGuire, W.J.(1989). The structure of individual attitudes and attitude systems. In A. Pratkanis, S, Brecklet, & A.Greenwald(Eds.), Attitude structure and function (pp. 37-69). Hillsdale, NJ:Lawrence Erlbaum Associates.

McLeod, D. M., Detenber, B. H., & Eveland, W. P., Jr. (2001). Behind the third-person effect: Differentiating perceptual processes for self and other. Journal of Communication, 51, 678-695.

McLeod, D.M., Eveland, W.P., & Nathanson, A.l.(1997). Support for censorship of violent and misogynic rap lyrics: An analysis of the third person effect. Communication Research, 24, 153-174.

McLeod, J.M., & Chaffee, S. H. (1973). Interpersonal approaches to communication research. American Behavioral Scientist, 16.469–49.

McQuail, D, Blumber, J.G., & Brown, J.R.(1972). The television audience revisited: A revised perspective. In D.McQuail(Ed.). Sociology of mass communications (pp. 1335–165). Middlesex, England: Penguin.

Media InfoCenter. (2005a, July 13). Time spent viewing-Persons. Retrieved April 3, 2006, from: http://www.mediainfocenter.org/television/tv_aud/time_persons.asp

Media InfoCenter. (2005b, July 14). Hours spent listening to the radio per week. Retrieved April 3, 2006, from: http://www.mediainfocenter.org/music/radio_audience/hours_perweek.asp

Media InfoCenter. (2006a, February 6). Daily and Sunday newspaper reading audience. Retrieved April 3, 2006, from: http://www.mediainfocenter.org/newspaper/data/reading_audience_char.asp

Media InfoCenter. (2006b, March 13). Number of households with internet access. Retrieved April 4, 2006, from: http://www.mediainfocenter.org/interactive/compare/cable_dsl.asp

Meirick, P.C. (2004). Topic-relevant reference groups and dimensions of distance: Political advertising and first- and third-person effects. Communication Research, 31, 234–255.

Meirick, P. C. (2005a). Rethinking the target corollary: The effect of social distance, perceived exposure, and perceived predispositions on first-person and third-person perceptions. Communication Research, 32, 822–843.

Meirick, P. C. (2005b). Self-enhancement motivation as a third variable in the relationship between first- and third-person effects. International Journal of Public Opinion Research, 17, 473–483.

Merton, R. K. (1968). Social theory and social structure. New York: Free Press.

Miller, G. (1956). The magical number seven, plus or minus two: Some limits on our capacity for processing information. The Psychological Review, 63, 81–95.

Miller, M., & Tesser, A. (1986). Thought-induced attitude change: The effects of schema structure and commitment. Journal of Personality and Social psychology, 51, 263.

Mindich, D. T. Z. (2005). Tuned out: Why Americans under 40 don't follow news. New York: Oxford University Press.

Moore: Thanks, opponents. (2004, June 29). CNN.com. Retrieved September 14, 2005, from: http://www.cnn.com/2004/SHOWBIZ/06/28/showbuzz/index.html

Mutz, D. C. (1989). The influence of perceptions of media influence: Third-person effects and the public expression of opinions. International Journal of Public Opinion Research, 1, 3-23.

Mutz, D. C., & Martin, P. S. (2001). Facilitating communication across lines of political difference: The role of the mass media. American Political Science Review, 95, 97-114.

Nakahara, L. (1983, November 28). Chaos in the cabbage patch; buyers stampede stores for moon-faced dolls. The Washington Post, p. C1.

NBC. The more you know. (n.d.). Retrieved January 4, 2006, from http://www.nbc.com/the_more_you_konw/topics/reading.shtml

Neuwirth, K., & Frederick, E, (2002). Extending the framework of third-, first-, and second-person effects. Mass Communication and Society, 5, 113-140.

Neuwirth, K., Frederick, E, & Mayo, C. (2002). Person-effects and heuristic-systematic processing. Communication Research, 29, 320-359.

Nishett, R., & Ross, L. (1980). Human inference: Strategies and shortcoming of social judgment. Englewood Cliffs, Nj: Prentice-Hall.

Noelle-Neumann. E. (1973). Return to the concept of powerful mass media. In E. Eguchi & K. Sata (Eds.) Studies of broadcasting: An international annual of broadcasting science (pp. 67-112). Tokyo: Nippon Hoso Kyokai

Noelle-Neumann. E. (1974). The spiral of silence: A theory of public opinion. Journal of Communication, 24, 43-51.

Noelle-Neumann. E. (1980). Mass media and social change in developed societies. In G.C. Wilhoit & H. de Bock (Eds.), Mass Communication review yearbook (Vol. 1, pp. 657-678). Beverly Hills, CA: Sage.

Osgood, C. E., & Tannenbaum, P. H. (1955). The principle of congruity in the prediction of attitude change. Psychological Review, 62, 42-55.

Pake. H., Pan, Z., Sun, Y, Abisaid, J., & Houden, D. (2005). The third-person perception as social judgment: An exploration of social distance and uncertainty in perceived effects of political attack ads. Communication Research, 32, 143-170.

Park, H. S., & Salmon, C. T. (2005). A test of the third-person effect in public relations: application of social comparison theory. Journalism & Mass Communication Quarterly, 2, 25-43.

Patterson, T. (2004, February 26). Controversial "passion" debuts nationwide. CNN. Retrieved September 14, 2005, from: http://www.cnn.com/2004/SHOWBIZ/Movies/02/25/gibson.passion/index.html

Paul, B., Salwen, M. B., & Dupagne, M. (2000). The third-person effect: A meta-analysis of the perceptual hypothesis. Mass Communication and Society, 3, 57-85.

Peiser, W., & Peter, J. (2000). Third-person perception of television-viewing behavior. Journal of Communication, 50, 25-45.

Peiser, W., & Peter, J. (2000, April). Explaining individual difference in third-person perception: A limits/possibilities perspective. Communication Research, 28, 156-180.

Perloff, L. S., & Fetzer, B. K. (1986). Self-other judgments and perceived vulnerability of victimization. Journal of Personality and Social Psychology, 50, 502-510.

Perloff, R. M. (1989). Ego-involvement and the third person effect of televised news coverage. Communication Research, 16, 236-262.

Perloff, R. M. (1993a). The dynamics of persuasion. Hillsdale, NJ: Lawrence Erlbaum associates.

Perloff, R. M. (1993b). Third-person effect research 1983-1992: A review and synthesis. International Journal of Public Opinion Research, 5, 167-184.

Perloff, R. M. (1999). The third-person effect: A critical review and synthesis. Media Psychology, 1, 353-378.

Perloff, R. M. (2002). The third-person effect. In J. Bryant & D. Zillmann (Eds.), Media effects: Advances in theory and research (2nd ed., pp. 489-506). Mahwah, NJ: Lawrence Erlbaum Associates.

Perloff, R. M. (2003). The dynamics of persuasion: Communication and attitudes in the 21st century (2nd ed.). Mahwah, NJ: Lawrence Erlbaum Associates.

Petty, R. E., & Cacioppo, J. T. (1986). The elaboration likelihood model of persuasion. In R. E. Perry & J. T. Cacioppo (Eds.), Communication and persuasion: Central and peripheral routes to attitude change (pp. 1-24). New York: Springer-Verlag.

Popper, K. R. (1965). Conjectures and refutations: The growth of scientific knowledge. New York: Harper & Row.

Price, V., Huang, L.-N., & Tewksbury, D. (1997). Third-person effects of news coverage: Orientations towards media. Journalism & Mass Communication Quarterly, 74, 525-540.

Price, V., & Tewksbury, D. (1996). Measuring the third-person effect of news: The impact of question order, contrast and knowledge. International Journal of Public Opinion Research, 8, 120-141.

Price, V., Tewksbury, D., & Huang, L.-N. (1998). Third-person effects on publication of a Holocaust-denial advertisement. Journal of Communication, 48, 3-26.

Reid, S. A., & Hogg, M. A. (2005). A self-categorization explanation for the third-person effect. Human Communication Research, 31, 129-161.

Rich, F. (2004, May 23). Michael Moore's candid camera. The New York Times, p. 1.

Richardson, G. W., Jr. (2001). Looking for meaning in all the wrong places:

Why negative advertising is a suspect category. Journal of Communication, 51, 775-800.

Rideout, V. (2004). Parents, media and public policy: A Kaiser Family Foundation survey. The Henry J. Kaiser Family Foundation. Retrieved April 20, 2006, from: http://www.kff.org/entmedia/loader.cfm?url=/commonspot/security/getfile.cfm&PageID=46689

Rimmer, T., & Weaver, D. (1987). Different questions, different answers? Media use and media credibility. Journalism Quarterly, 64, 28-36, 44.

Rojas, H., Shah, D. V., & Faber, R. J. (1996). For the good of others: Censorship and the third-person effect. International Journal of Public Opinion Research, 8, 163-186.

Ross, L. (1977). The intuitive psychologist and his shortcomings: Distortions in the attribution process. In L. Berkowitz (Ed.), Advances in experimental social psychology (Vol. 10, pp. 173-240). Orlando, FL: Academic Press.

Rubin, A. M. (1983). Television uses and gratifications: The interactions of viewing patterns and motivation, Journal of Broadcasting, 27, 37-51.

Rubin, A. M. (2002). The uses and gratifications perspective of media effects. In J. Bryant & D. Zillmann (Eds.), Media effects: Advances in theory and research (2nd ed., pp. 525-548). Mahwah, NJ: Lawrence Erlbaum Associates.

Rucinski, D., & Salmon, C. T. (1990). The "other" as the vulnerable voter: A study of the third-person effect in the 1988 U.S. presidential campaign. International Journal of Public Opinion Research, 2, 345-368.

Salwen, M. B. (1992). The influence of source intent: Credibility of a news media health story. World Communication, 21, 63-68.

Salwen, M. B. (1998). Perceptions of media influence and support for censorship: The third-person effect in the 1996 presidential election. Communication Tesearch, 25, 259-285.

Salwen, M. B., & Driscoll, P. D. (1997). Consequences of third person perception in support of press restrictions in the O. J. Simpson trial. Journal of

Communication, 47, 60-77.

Salwen, M. B., & Dupagne, M. (1999). The third-person effect: Perceptions of the media's influence and immoral concequences. Communication Research, 26, 523-549.

Salwen, M. B., & Dupagne, M. (2001). Third-person perception of televised violence: The role of self-perceived knowledge. Media Psychology, 3, 211-236.

Salwen, M. B., & Dupagne, M. (2003). News of Y2K and experiencing Y2K: exploring the relationship between the third-person effect and optimistic bias. Media Psychology, 5, 57-82.

Scharrer, E. (2002). Third-person perception and television violence: The role of out-group stereotyping in perceptions of susceptibility to effects. Communication Research, 29, 681-704.

Schenck-hamlin, W. J., Procter, D. E., & Ruumsey, D. J. (2000). The influence of negative advertising frames on political cynicism and politician accountability. Human Communication Research, 26, 53-74.

Shah, D. V., Faber, R. J., & Youn, S. (1999). Susceptibility and severity: perceptual dimensions underlying the third-person effect. Communication Research, 26, 240-267.

Sherif, C. W., Sherif, M., & Nebergall, R. E. (1965). Attitude and social change: the social judgement-involvement approach. Philadelphia: W. B. Saunders.

Sheriff, M., & Hovland, C. I. (1961). Social judgment: Assimilation and contrast effects in communication and attitude change. New Haven, CT: Yale University Press.

Sheriff, M., & Sherif, C. W. (1967). Attitude as the individual's own categories: The social judgment-involvement approach to attitude and attitude change. In C. W. Sherif & M. Sherif (Eds.). Attitude, ego-involvement, and change (pp. 105-139). New York: Wiley.

Shoemaker, P. J., & Reese, S. D. (1996). Mediating the message (2nd ed.). White Plains, NY: Longman.

Shoesmaker, P. J., Tankar, J. W., Jr., & Lasorsa, D. L. (2004). How to build social science theories. Thousand Oaks, CA: Sage.

Singer, J. L. (1980). The power and limitations of television: A cognitive-affective analysis. In P. H. Tannenbaum (Ed.), The entertainment functions of television (pp. 31–65). Hillsdale, NJ: Lawrence Erlbaum Associates.

Slater, M. D., & Rouner, D. (1996). How message evaluation and source attributes may influence credibility assenssment and belief change. Journalism & Mass Communication Quarterly, 73, 974–991.

Smith, H. (1983. April 1). The president out front. The New York Times, p. A1.

Spitting on the constitution: Supreme Court censors college press. (2006, February 24). The Murray State News, p. 4a.

Stouffer, S. A. (1995). Communism, conformity, and civil liberties. New York: Doubleday.

Student Press Law Center. (2006). Hosty v. carter information page. Retrieved March 8, 2006, from: http:// www.splc.org/printpage.asp?id=49&tb=legal_research

Sullivan, H. S. (1938). Psychiatry: Introduction to the study of interpersonal relations. Psychiatry, 1, 121–134.

Taylor, S. E., & Brown, J. D. (1988). Illusion and well-being: A social psychological perspective on mental health. Psychological Bulletin, 103, 193–210.

Tewksbury, D. (2002). The role of comparison group size in the third-person effect. International Journal of Public Opinion Research, 14, 247–263.

Tewksbury, D., Moy, P., & Weis, D. S. (2004). Preparations for Y2K: Revisiting the behavioral component of the third-person effect. Journal of Communication, 54, 138–155.

The Pew Research Center for the People and the Press. (2004, April 2). Belief that jews were responsible for Christ's death increases. Retrieved September 14, 2005, from: http://people-press.org/reports/display.php3?ReportID=209

The Pew Research Center for the People and the Press. (2005, May 10). Beyond red vs. blue: Republicans divided about role of government–Democrats by social and personal values. Retrieved October 11, 2005, from: http://people-press. org/reports/print.php3?PageID=951

The Pew Research Center for the People and the Press. (2006, January 11). Americans taking Abramoff, Alito and domestic spying in stride. Retrieved January 24, 2006, from: http://people-press.org/reports/display.php3?ReportID=267

The Pew Research Center for the People and the Press. (2006, March 16). Two-thirds say U.S. is "losing ground" in preventing civil war. Retrieved March 22, 2006, from: http://people-press.org/reports/display/php3?ReportID=272

Tiedge J. T., Silverblatt. A., Havice, M. J., & Rosenfeld, R. (1991). Discrepancy between perceived first-person and perceived third-person mass media effects. Journalism Quarterly, 68, 141-154.

Tsfati, Y., & Cohen, J. (2003). On the effect of the "third-person effect": Perceived influence of media coverage and residential mobility intentions. Journal of Communication, 53, 711-727.

Tsfati, Y., & Cohen, J. (2005). The influence of presumed media influence on democratic legitimacy: The case of Gaza settlers. Communication Research, 32, 794-821.

Tsfati, Y., Ribak, R., & Cohen, J. (2005). Rebelde Way in Israel: Parental perceptions of television influenced and monitoring of children's social and media activities. Mass Communication and Society, 8, 3-22.

Tversky, A., & Kahneman, D. (1982a). Judgment under uncertainty: Heuristics and biases. In D. Kahneman., P. Slovic & A. Tversky (Eds.), judgment under uncertainty: Heuristics and biases (pp. 3-22). London: Cambridge University Press.

Tversky, A., & Kahneman, D. (1982b). Belief in the law of small numbers. In D. Kahneman., P. Slovic & A. Tversky (Eds.), judgment under uncertainty: Heuristics and biases (pp. 23-47). London: Cambridge University Press.

Wan. E. Faber, R. J., & Fung, A. (2003). Perceived impact of thin female models in advertising: A cross-cultural examination of third person perception and its impact on behaviors. Asia Pacific Journal of Marketing and Logistics, 15, 51–73.

Weinstein, N. D. (1980). Unrealistic optimism about future life events. Journal of Personality and Social Psychology, 39, 806–820.

Weinstein, N. D. (1989). Effects of personal experience on self-protective behavior. Psychological Bulletm, 105, 31–50.

White, H. A. (1997). Considering interacting factors in the third-person effect: Argument strength and social distance. Journalism & Mass Communication Quarterly, 74, 557–564.

White, H. A. (2001, November). Using third-person perception to establish a limit for counter-attitudinal behavior. Paper presented at the annual meeting of the Midwest Association for Public Opinion Research, Chicago.

White, H. A., & Andsager, J. L. (1991). Newspaper column readers' gender bias: perceived interest and credibility. Journalism Quarterly, 68, 709–718.

White, H. A., & Andsager, J. L. (2005). Evaluating self and others: Systematic processing vs. heuristics in the third-person effect. Paper presented at the annual convention of the Association for Education in Journalism and Mass Communication, San Antonio, TX.

White, H. A., Andsager, J. L, & Crawford, J. T. (2005, November). Self vs. (which) others: An examination of how defining others influences third-person perception. Paper presented at the meeting of the Midwest Association for Public Opinion Research, Chicago.

White, H. A., & Dillon, J. F. (2000). Knowledge about others' reaction to a public service announcement: The impact on self persuasion and third-person perception. Journalism & Mass Communication Quarterly, 77, 788–803.

Willnat, L. (1996). Mass media and political outspokenness in Hong Kong: Linking the third-person effect and the spiral of silence. International Journal of Public Opinion Research, 8, 187–211.

Willnat, L., He, Z., Takeshita, T., & López-Escobar, E. (2000). Perceptions of foreign media influence in Asia and Europe: The third-person effect and media imperialism. International Journal of Public Opinion Research, 14, 175-192.

Wills, T. A. (1981). Downward comparison principles in social psychology. Psychological Bulletin, 90, 245-271.

Wu, W., & Koo, S. H. (2001). Perceived effects of sexually explicit Internet content: The third-person effect in Singapore. Journalism & Mass Communication Quarterly, 78, 260-74.

Youn, S., Faber, R. J., & Shah, D. V. (2000). Restricting gambling advertising and the third-person effect. Psychology & Marketing, 17, 633-649.

Zaller, J. R. (1992). The nature and origins of mass opinion. New York: Cambridge University Press.

作者索引

本索引所标页码为英文版页码，即中译本边码

A

阿布赛德 (Abisaid, J.), 8, 42, 55, 81, 87, 112, 141

阿利克 (Alicke, M.D.), 9, 18, 60, 61, 68, 135

艾莉森 (Allison, S.T.), 26, 138

奥尔波特 (Allport, F.H.), 5, 139

安德森 (Anderson, J.D.), 13, 14, 139

安德萨格 (Andsager.J.L.), 13, 29, 33, 44, 45, 53, 54, 64, 94, 135

阿特金 (Atkin, C.K.), 47, 135

阿特伍德 (Atwood, L.E.), 19, 56, 135

奥斯汀 (Austin, E.W.), 50, 51, 135

B

班宁 (Banning, S.A.), 7, 43, 44, 135, 136, 138

鲍曼 (Baughman, J.L.), 7, 136

比格斯 (Biggs, B.), 69, 136

布鲁勒 (Blumler, J.G.), 26, 139, 140

保热考夫斯基 (Borzekowski, D.L.G.), 25, 42, 136

博什曼 (Bosman, J.), 1, 136

布赖腾比彻 (Breitenbecher, D., L.), 9, 18, 60, 61, 68, 135

布罗修斯 (Brosius, H.B.), 8, 13, 18, 27, 33, 52, 56, 57, 85, 136

布朗 (Brown, J.D.), 9, 18, 60, 68, 136, 143

布朗 (Brown, J.R.), 26, 140

布伦伯格 (Brumberg, J.J.), 32, 136

布坎南 (Buchanan, M.), 13, 14, 25, 46, 139

伯克哈特 (Burkhart, F.N.), 53, 136

布什 (Bush, G.W.), 133, 136

C

卡乔波 (Cacioppo, J.T.)ix, xi, 27, 81, 82, 102, 105, 107, 108, 110, 114, 115, 116, 131, 136, 142

卡普拉 (Capra.F.), 105, 136

卡特莱特 (Cartwright, D.), 65, 66, 67, 68, 70, 136

查菲 (Chaffee, S.H.), ix, xi, 65, 123, 125, 126, 127, 130, 136, 140

柴肯 (Chaiken, S.), ix, xi, 27, 54, 102, 104, 105, 106, 108, 114, 115, 117, 136, 137, 138

张 (Chang, C.), 33, 34, 35, 42, 53, 139

蔡平 (Chapin, J.R.), 9, 18, 42, 136, 137

陈 (Chen, S.), 104, 105, 106, 108, 115, 137

谢 (Chia, S.C.), 33, 43, 44, 45, 57, 137

卓 (Cho, H.), 8, 19, 62, 63, 64, 70, 137

卓克 (Chock, T.), 60, 70, 137

科恩 (Cohen, J.), 5, 8, 38, 45, 46, 48, 51, 52, 61, 64, 69, 70, 75, 82, 83, 84, 123, 137, 144

康纳斯 (Conners, J.L.), 9, 137

克劳福德 (Crawford, J.T.), 94, 144

D

戴维 (David, P.), 8, 16, 19, 20, 21, 30, 32, 86, 137

戴维 (David, R.G.), 48, 61, 64, 69, 70, 75, 84, 137

戴维森 (Davison, W.P.), ix, 2, 3, 5, 6, 7, 9, 13, 16, 17, 18, 24, 27, 31,

43，48，78，79，88，118，127，128，134，137

德弗勒尔 (DeFleur, M.L.)，39，140

德洛姆 (DeLorme, D.E.)，42，44，45，139

德坦波 (Detenber, B.H.)，19，20，23，27，40，43，44，85，101，112，113，121，122，133，134，138，140

迪尤尔 (Dewar, H.)，133，137

狄龙 (Dillon, J.F.)，35，46，55，70，145

多姆克 (Domke, D.)，53，137

董 (Dong, Q.)，50，51，135

道格拉斯 (Douglas, K.M.)，8，10，36，137

德里斯科尔 (Driscoll, P.D.)，13，16，17，44，45，137，143

达克 (Duck, J.M.)，18，19，20，24，32，35，42，60，63，64，84，137

达克沃斯 (Duckworth.K.)，104，105，106，108，115，137

杜培根 (Dupagne, M.)，6，7，9，13，14，15，16，17，18，19，20，25，32，34，36，40，42，56，70，92，116，138，141，143

邓伍迪 (Dunwoody, S.)，109，138

德金 (Durkin, K.)，8，10，85，138

E

伊格利 (Eagly, A.H.)，ix，xi，27，114，117，138

埃德明斯特 (Edminster, W.)，67，138

恩格尔 (Engel, D.)，8，13，18，27，33，52，56，57，85，136

埃夫兰 (Eveland, W.P., Jr.)，9，19，20，21，23，25，27，34，40，43，44，85，93，94，101，112，113，121，122，133–134，138，140

F

费伯 (Faber, R.J.)，8，10，13，14，15，21，23，25，40，42，43，44，

45，142，143，144，145

费格里 (Feighery, E.)，25，42，136

费策尔 (Fetzer, B.K.)，68，142

弗洛拉 (Flora, J.A.)，25，42，85，136，139

弗雷德里克 (Frederick, E.)，4，47，86，93，117，141

弗莱斯德 (Friestad, M.)，109，138

冯 (Fung, A.)，8，144

G

加齐亚诺 (Gaziano, C.)，49，50，138

让泰尔 (Gentles, K.A.)，45，138

吉本 (Gibbon, P.)，8，10，85，138

吉斯 (Giese, J.)，109，138

吉尔伯特 (Gilbert, D.)，10，138

格林 (Glynn, C.J.)，5，7，138

戈瑟尔斯 (Goethals, G.R.)，26，138

戈兰 (Golan, G.)，20，44，138

格雷伯 (Graber, D.A.)，58，138

格里芬 (Griffin, R.J.)，109，138

格里姆 (Grimm, J.)，33，135

格鲁尼格 (Grunig, J.E.)，126，138

甘瑟 (Gunther, A.C.)，3，5，9，10，14，18，19，21，24，33，38，40，41，42，44，45，46，49，51，52，53，60，69，70，82，83，84，103，123，137，138，138

郭 (Guo, Z.)，58，139

古雷维奇 (Gurevitch, M.)，26，139

H

韩 (Han, C.)，33，135

韩 (Han, M.), 8, 19, 62, 63, 64, 70, 137

哈里达克斯 (Haridakis, P.M.), 24, 44, 139

哈里斯 (Harris, R.), 33, 34, 35, 42, 53, 139

哈里森 (Harrison, K.), 45.138

哈维斯 (Havice, M.J.), 4, 13, 14, 16, 112, 144

何 (He, Z.), 8, 58, 145

海德 (Heider, F.), 23, 139

亨里克森 (Henricksen, L.), 85, 139

希彻恩 (Hitchon, J.C.), 33, 34, 35, 42, 53, 139

霍夫纳 (Hoffner, C.), 13, 14, 25, 46, 139

霍格 (Hogg, M.A.), 18, 19, 21, 24, 35, 42, 60, 61, 62, 63, 64, 69, 70, 76, 77, 82, 84, 87, 95, 101, 113, 118, 137, 142

胡伦斯 (Hoorens, V.), 8, 19, 32, 41, 42, 60, 139

霍登 (Houden, D.), 8, 42, 55, 81, 87, 112, 141

霍夫兰 (Hovland, C.I.), 28, 50, 139, 143

黄 (Huang, L.-N.), 16, 20, 22, 36, 64, 142

哈布斯 (Hubbs, L.A.), 13, 14, 139

许 (Huh, J.), 42, 44, 45, 139

亨特 (Hunt, T.), 126, 138

赫尔利 (Hurley, R.J.), 35, 36, 37, 44, 139

华 (Hwa, A.P.), 40, 44, 70, 138

I

英尼斯 (Innes, J.M.), 5, 15, 40, 42, 57, 139

J

詹森 (Jensen, J.D.), 35, 36, 37, 44, 139

约翰逊 (Johansson, B.), 18, 139

约翰逊 (Johnson, M.A.), 16, 19, 21, 30, 32, 86, 137

K

卡内曼 (Kahneman, D.), 66, 81, 101, 110, 111, 112, 113, 144

上柿 (Kamigaki, S.K.), 13, 14, 139

卡茨 (Katz, D.), 5, 139

卡茨 (Katz, E.), 26, 139

克欧赛斯 (Kiousis, S.), 49, 55, 139

克洛茨 (Klotz, M.L.), 9, 18, 60, 61, 68, 135

库 (Koo, S.H.), 8, 23, 44, 145

克西茨基 (Kosicki, G.M.), 58, 139

科瓦尔奇克 (Kowalczyk, L.), 13, 14, 139

屈嫩 (Kuennen, R.), 29, 33, 45, 135

L

拉戈斯 (Lagos, T.), 53, 137

莱恩 (Laing, R.D.), 130, 140

拉姆 (Lambe, J.L.), 13, 20, 23, 34, 38, 40, 41, 42, 58, 139

拉普安特 (LaPointe, M.), 53, 137

拉索尔萨 (Lasorsa, D.L.), 7, 8, 16, 17, 23, 140, 143

拉斯韦尔 (Lasswell, H.D.), x, 50, 140

赖伐尔 (LaVail, K.), 33, 135

李 (Lee, A.R.), 130, 140

李 (Lee, B.), 8, 14, 40, 44, 140

李 (Lee, S.), 60, 70, 137

利伯曼 (Liberman, A.), ix, xi, 27, 114,

利布哈特 (Liebhart, J, L.), 49, 138

刘 (Liu, K.), 8, 20, 86, 137

罗 (Lo, V.), 8, 14, 40, 44, 47, 140

洛佩斯－埃斯科瓦尔 (López-Escobar, E.), 8, 58, 145

洛厄里 (Lowery, S.A.), 39, 140

卢 (Lu, K.-H.), 33, 43, 44, 45, 57, 137

刘别谦 (Lubitsch, E.), 105, 136

伦迪 (Lundy, L.), 44, 138

M

马赫斯瓦兰 (Maheswaran, D.), 54, 136

马拉尼斯 (Maraniss, D.), 2, 140

马丁 (Martin, E.), 13, 44, 135

马丁 (Martin, P.S.), 49, 141

梅森 (Mason, L.), 53, 140

马斯廷 (Mastin, T.), 53, 135

梅特拉 (Matera, F.R.), 6, 28, 140

梅奥 (Mayo, C.), 4, 117, 141

麦格拉斯 (McGrath, K.), 49, 50, 138

麦圭尔 (McGuire, W.J.), x, 27, 109, 132, 140

麦克劳德 (McLeod, D.M.), 9, 13, 19, 20, 21, 23, 25, 27, 33, 34, 38, 40, 41, 42, 43, 44, 45, 57, 58, 85, 93, 97, 101, 112, 113, 121, 122, 133, 134, 137, 138, 139, 140

麦克劳德 (Mcleod, J.M.), ix, xi, 58, 65, 123, 125, 126, 127, 130, 136, 139, 140

麦奎尔 (McQuail, D.), 26, 140

麦克德 (Mcade, M.), 53, 137

梅里克 (Meirick, P.C.), 19, 24, 32, 60, 70, 75, 76, 77, 87, 88, 92, 141

默顿 (Merton, R.K.), 5, 141

梅西克 (Messick, D.M.), 26, 138

米勒 (Miller, G.), 107, 141

米勒 (Miller, M.), 110, 141

明迪奇 (Mindich.D.T.Z.), 37, 141

莫里森 (Morrison, G.), 16, 32, 86, 137

莫依 (Moy, P.), 44, 58, 139, 144

马林 (Mullin, B.), 18, 19, 32, 60, 84, 137

芒迪 (Mundy, P.), 9, 18, 19, 24, 33, 41, 46, 138

穆茨 (Mutz, D.C.), 5, 16, 28, 38, 48, 51, 52, 82, 83, 84, 123, 137, 141

麦瑟尔 (Myser, M.), 8, 20, 86, 137

N

中原 (Nakahara, L.), 113, 141

内桑森 (Nathanson, A.I.), 23, 27, 40, 44, 85, 93, 94, 101, 112, 113, 121, 122, 133, 134, 138, 140

尼伯高 (Nebergall, R.E.), 28, 143

纽沃斯 (Neuwirth, K.), 4, 47, 86, 93, 109, 117, 138, 141

尼斯比特 (Nisbett, R.), 24, 141

诺埃尔 – 诺依曼 (Noelle-Neumann, E.), 5, 116, 141

O

奥斯古德 (Osgood, C.E.), 64, 141

奥斯特文 (Ostman, R.E.), 5, 7, 138

P

帕登 (Paddon, A.R.), 8, 40, 44, 47, 140

佩克 (Paek, H.), 8, 42, 55, 81, 87, 112, 141

潘 (Pan, Z.), 8, 42, 55, 81, 87, 112, 141

帕克 (Park, H.S.), 14, 141

帕斯托莱克 (Pastorek, A.), 13, 14, 139

帕特森 (Patterson, T.), 1, 141

保罗 (Paul, B.), 6, 7, 15, 31, 56, 92, 116, 138, 141

派泽 (Peiser, W.), 19, 21, 26, 27, 70, 85, 142

佩洛夫 (Perloff, L.S.), 68, 142

佩洛夫 (Perloff, R.M.), 4, 5, 6, 7, 9, 13, 15, 16, 18, 20, 22, 23, 28, 29, 32, 43, 48, 49, 50, 54, 83, 94, 102, 106, 112, 118, 132, 133, 142

彼得 (Peter, J.), 19, 21, 26, 27, 70, 85, 142

佩蒂 (Petty, R.E.), ix, xi, 27, 81, 82, 102, 105, 107, 108, 110, 114, 115, 116, 131, 136, 142

菲利普森 (Phillipson, H.), 130, 140

波珀 (Popper, K.R.), 7, 142

普洛特金 (Plotkin, R.S.), 13, 14, 139

普赖斯 (Price, V.), 5, 7, 16, 19, 20, 22, 28, 29, 36, 37, 38, 51, 53, 64, 82, 83, 84, 123, 137, 142

普罗克特 (Procter, D.E.), 41, 143

R

里斯 (Reese, S.D.), 54, 143

瑞德 (Reid, L.N.), 42, 44, 45, 139

瑞德 (Reid, S.A.), 18, 19, 61, 62, 64, 69, 70, 76, 77, 82, 87, 95, 101, 113, 118, 142

里巴克 (Ribak, R.), 45, 46, 144

里奇 (Rich, F.), 1, 142

理查森 (Richardson, G.W., Jr.), 48, 142

赖德奥特 (Rideout, V.), 2, 142

里默 (Rimmer, T.), 49, 55, 142

罗哈斯 (Rojas, H.), 13, 14, 15, 23, 25, 40, 44, 45, 142

罗森菲尔德 (Rosenfeld, R.), 4, 13, 14, 16, 112, 144

罗斯 (Ross, F.), 16, 32, 86, 137

罗斯 (Ross, L.), 24, 141, 142

罗内 (Rouner, D.), 55, 143

鲁宾 (Rubin, A.M.), 24, 26, 36, 44, 139, 142

鲁钦斯基 (Rucinski, D.), 13, 14, 16, 20, 22, 25, 28, 33, 41, 42, 47, 56, 143

鲁伊特 (Ruiter, S.), 8, 19, 32, 41, 42, 60, 139

拉姆齐 (Rumsey, D.J.), 41, 143

S

萨蒙 (Salmon, C.T.), 13, 14, 16, 20, 22, 25, 28, 33, 41, 42, 47, 56, 141, 143

萨尔文 (Salwen, M.B.), 6, 7, 9, 13, 14, 15, 16, 17, 18, 19, 20, 22, 25, 28, 31, 32, 34, 36, 40, 42, 44, 45, 52, 53, 54, 56, 57, 92, 116, 137, 138, 140, 141, 143

沙勒 (Scharrer, E.), 14, 39, 40, 143

申克-哈姆林 (Schenck-Hamlin, W.J.), 41, 143

斯库勒 (Schooler, C.), 25, 42, 136

施瓦兹 (Schwartz, J.), 33, 135

沙阿 (Shah, D.V.), 10, 13, 14, 15, 21, 23, 25, 40, 42, 43, 44, 45, 142, 143, 145

谢里夫 (Sherif, C.W.), 27, 28, 143

谢里夫 (Sherif, M.), 27, 28, 143

休梅克 (Shoemaker, P.J.), 7, 8, 54, 143

西格尔曼 (Sigelman, C.K.), 53, 136

西尔伯格 (Silberg, K.), 13, 14, 139

西尔弗布赖特 (Silverblatt, A.), 4, 13, 14, 16, 112, 144

辛格 (Singer, J.L.), 56, 58, 143

斯莱特 (Slater, M.D.), 55, 143

史密斯 (Smith, H.), 133, 143

斯塔姆 (Stamm, K.R.), 126, 138

斯托里 (Storey, J.D.), 45, 103, 138

斯托弗 (Stouffer, S.A.), 13, 143

沙利文 (Sullivan, H.S.), 127, 143

孙 (Sun, Y.), 8, 42, 55, 81, 87, 112, 141

萨顿 (Sutton, R.M.), 8, 10, 36, 137

T

竹下 T(Takeshita, T.), 8, 58, 145

塔姆博利尼 (Tamborini, R.), 8, 14, 40, 44, 140

坦卡德 (Tankard, J.W., Jr.), 7, 8, 143

坦嫩鲍姆 (Tannenbaum, P.H.), 64, 141

泰勒 (Taylor, S.E.), 68, 143

特里 (Terry, D.J.), 19, 21, 24, 35, 42, 60, 63, 70, 84, 137

特塞尔 (Tesser, A.), 110, 141

图克斯伯里 (Tewksbury, D.), 7, 16, 19, 20, 22, 28, 29, 36, 37, 44, 64, 81, 142, 143, 144

索尔森 (Thorson, E.), 3, 10, 19, 41, 42, 46, 60, 69, 70, 139

蒂德格 (Tiedge, J.T.), 4, 13, 14, 16, 112, 144

斯法蒂 (Tsfati, Y.), 8, 45, 46, 144

特韦尔斯基 (Tversky, A.), 66, 81, 101, 110, 111, 112, 113, 144

V

弗里登堡 (Vredenburg, D.S.), 9, 18, 60, 61, 68, 135

伏日诺维奇 (Vujnovic, M.), 33, 135

W

万 (Wan, F.), 8, 144

韦弗 (Weaver, D.), 49, 55, 142

魏 (Wei, R.), 14, 140

温斯坦 (Weinstein, N.D.), 9, 18, 144

魏斯 (Weis, D.S.), 44, 144

韦斯 (Weiss, W.), 50, 139

怀特 (White, H.A.), 19, 29, 33, 35, 44, 45, 46, 53, 54, 55, 63, 64, 70, 85, 94, 135, 144, 145

维纳特 (Willnat, L.), 6, 8, 14, 16, 20, 28, 58, 116, 145

威尔斯 (Wills, T.A.), 9, 145

赖特 (Wright, P.), 109, 138

吴 (Wu, W.), 8, 23, 44, 145

怀亚特 (Wyatt, R.O.), 13, 44, 135

X

赞内斯 (Xenos, M.), 53, 137

Y

尹 (Youn, S.), 10, 21, 42, 44, 143, 145

尤拉克 (Yurak, T.J.), 9, 18, 60, 61, 68, 135

Z

扎勒 (Zaller, J.R.), 14, 145

蔡茨 (Zeitz, H.), 5, 15, 40, 42, 57, 139

主题索引

本索引所标页码为英文版页码,即中译本边码

A

Advertising,41–42,103,106

广告

    Political,41

    政治的

    Public service announcements,41–42,103,106

    公益广告

    The More You Know,106

    《你知道得越多》

    Amerika,17

《亚美利加》(由克里斯托夫森主演的微型系列剧,虚构被苏联占领后的美国的情景)

    Argument quality,63–64

    论据质量

B

Behavioral component,43–47,116

行为成分

    censorship,43–44

    审查

    individual traits,44–45

个体特征

    motivation, 46-47

    动机

Behavioral structure, 68

行为结构

Better-than-average effect, 9

"优于常人效应"

Brokeback Mountain, 1

电影《断背山》

C

Chicago Bears, 69

芝加哥熊队

Cognitive structure, 65-66, 68

认知结构

Common sense, 19

常识

Congruity theory, 64-65

一致性理论,

Coorientation, 123-133

共向

    direct perpective, 130-133

    直接视角

    meta-perpective, 130-133

    元视角

Credibility, 50-58

可信度

    channel, 50-52, 55-58

    渠道

People Magazine，50
《人物》杂志
National Enquirer，51-52
《国家询问报》
New York Times，50-52
《纽约时报》
The Star，50，52
《星报》
Wall Street Journal，50
《华尔街日报》

source，53-54
信源

Culture，62
文化

D

Dark Passage，110
电影《逃狱雪冤》

Direct effects，see Powerful effects
直接效果，见强大效果论

Downward comparison，9
向下比较

Dual-perspective model of persuasion，128-134
说服的双重视角模式

E

Ego-defense mechanism，9
自我防御机制

Elaboration likelihood model，81，105-110，114-116

深思的可能性模式

    central route，105-110

        中央路径

    peripheral route，105-110

        外周路径

Expertise，16-17

    专业知识（技能）

F

Fahrenheit 9/11，1

    电影《华氏911》

First-person effect model，4

    第一人效果模式

Fundamental attribution error，24

    基本归因错误

H

Hatred，39-41

    仇恨

Held beliefs，64

    持有信仰

Heuristi processing，55，80-82，106-114

    启发式加工

    gambler's fallacy，111

        赌徒谬误

    judgment under uncertainty，112

        在不确定性下做出的判断

    law of small numbers，111

        小数定律

representativeness, 111
代表性

Hosty v. Carter, 66

I

Interest, 27-29
兴趣
    Michael Jackson, 29
    迈克尔·杰克逊

Importance, 28
重要性

Indianapolis Colts, 69
印第安纳玻利斯小马队

Information processing, 58
信息加工

Involvement, 27-30
卷入

K

Knowledge, 16-17, 19
知识

L

Likelihood of exposure, 21-23, 25-28, 121-123
曝光的可能性
    music, 23
    音乐

M

Magic bullet theory, see Powerful effects

魔弹理论，见强大效果论

Marilyn Manson，24
玛莉莲·曼森

McGuire's matrix，109
麦奎尔矩阵模式

Mere exposure，see Likelihood of exposure
单纯的接触，见接触的可能性

Message desirability，31–35，42–43
信息的合意性

Motivational structure，67–68
动机结构

Murray State News，66–67
《莫瑞州立大学新闻》

N

Need for cognition，110
认知需求

Needs，104–105
需求

    accuracy，104
        准确度

    defensive，104
        防御

    impression，105
        印象

News content，35–39，52–53
新闻内容

    importance，37–38
        重要性

libel, 38-39, 52-53
诽谤

Magical number seven, 107
神奇的数字: 7±2

Misogyny, 39-41
歧视妇女

O

O.J.Simpson trial, 17
辛普森审判

Optimistic bias, 9
乐观偏差

Others, 79-80, 83, 88-94
他人

    discernable, 79-80
    可识别的

    general-referent, 79-80, 88, 90-92, 94
    以一般为参照

    message-referent, 88, 93-94
    以消息为参照

    non-referent, 83
    无参照

    self-referent, 83, 89-92, 94
    以自我为参照

P

Passion of the Christ, 1
耶稣受难记

PBS, 25

（美）公共广播公司（Public Broadcasting Service）

Perceptual component，116

感知成分

Personal vulnerability，29–30

个人的脆弱性

Powerful effects，23，25

强大效果

Presumed influence，45

假定影响

Propaganda，31，78–79

宣传

S

Second-person effect，4

第二人效果

Selective perception，48–50

选择性感知

Self-categorization，18–19，61–62，82，118–121

自我归类

    normative fit，18–19

      规范拟合度

    optimistic bias，18–19

      乐观偏差

Self-enhancement，9，18，21

自我强化

    television，21

      电视

Self-other comparisons，69–70

自我 – 他人比较

Self esteem,19
自尊

Social distance,2-4,27,82-83,123
社会距离

Sociodemographics,13-15
社会人口统计学

    age,13
    年龄

    gender,14
    性别

    education,14-15
    教育

Social judgment theory,24
社会判断理论

Student Press Law Center,66
学生新闻法中心

Systematic processing,53,80-82,106-110,114-116
系统加工

T

Third-person perception model,3
第三人感知模式

V

Violence,39-41
暴力

W

Why We Fight,105
《我们为何而战》军队教育经典系列影片